LES
FRANCS-TIREURS DES VOSGES

LES
FRANCS-TIREURS
DES VOSGES

PAR

J. GONDRY DU JARDINET.

PARIS

L'AMI DES CAMPAGNES

31, RUE SAINT-PLACIDE, 31

1881

LES

FRANCS-TIREURS DES VOSGES

I

LE DONJON DE WERNEL.

Le vieux château de Wernel, qui, pendant six siècles, avait essuyé souvent les assauts des hommes d'armes et toujours les attaques du temps et de l'intempérie des saisons, était mis en état de défense. C'est que les Prussiens, après la bataille de Reichshoffen, allaient envahir la France, et que le donjon de Wernel, qui commandait un des défilés des Vosges, était merveilleusement assis pour opposer une vive résistance.

Comme Léonidas aux Thermopyles, le capitaine Emporte-Pièce, ce vieil ami que nous avons déjà dépeint dans *la Redoute du capitaine Emporte-Pièce*, avait résolu de s'ensevelir dans une glorieuse résistance afin de donner, autant qu'il était en son pouvoir, aux troupes françaises le temps de se reformer sous les murs de Metz.

Après avoir utilisé les défenses créées par nos ancêtres, le capitaine avait ajouté ce que les découvertes modernes et l'art militaire lui avaient enseigné. Il n'était pas un accident de terrain qu'il n'eût transformé en petite redoute.

Mais il ne suffit pas d'avoir une forteresse, il faut encore des défenseurs, des hommes exercés au maniement des armes. Aussi le capitaine avait-il fait appel au dévouement patriotique de tous les hommes valides de Wernel et des villages voisins.

Un grand nombre de paysans avaient répondu à cet appel. Le capitaine n'avait guère le temps de leur apprendre le maniement régulier des armes. Il les passa en revue et constata avec satisfaction que si sa petite troupe n'était pas aguerrie aux luttes en rase campagne, elle pourrait se défendre avec avantage derrière les remparts.

Il fut puissamment aidé dans l'exercice et le maniement des armes par quelques jeunes gens intelligents qui avaient passé plusieurs années sous les drapeaux et qui étaient rentrés depuis peu dans leurs foyers. Il en fit ses chefs d'escouades.

Le nombre en était cependant plus restreint qu'on ne pourrait le supposer, parce que le capitaine n'accordait l'autorité qu'à bon escient et à des hommes qui pouvaient non-seulement inculquer l'art militaire, mais donner le bon exemple.

Il avait choisi pour lieutenant, un ancien sergent-major qui, ayant fait les campagnes d'Afrique, était accoutumé aux embuscades. Le sergent Lallier, devenu lieutenant par la volonté du capitaine Emporte-Pièce, et surtout à cause de ses aptitudes et de sa bonne conduite, était doué d'une rare énergie, qu'il communiquait à tout ce qui l'entourait. Sa jeune et courageuse femme était fière de lui et le montrait avec admiration à ses enfants.

— Ton père, disait-elle à son petit Frédéric, charmant chérubin de cinq ans qui ne comprenait rien à tout ce qui se passait autour de lui, mais qui était émerveillé de l'uniforme du lieutenant, ton père va combattre, verser son sang peut-être pour la défense de la patrie. Quand tu seras grand, n'oublie jamais ce que tu vois aujourd'hui, pense toujours à l'exemple et aux enseignements de ton père, qui se résument en trois mots : aimer Dieu, sa famille, sa patrie.

Quoique le capitaine eût une confiance illimitée en son lieutenant, cependant il vérifiait lui-même si les ordres qu'il avait donnés pour éviter toute surprise étaient fidèlement exécutés. Des sentinelles et des postes étaient échelonnés de distance en distance dans le défilé que les Prussiens seraient forcés de suivre pour parvenir à Wernel. Elles avaient ordre, à la moindre alerte, de donner l'alarme, de se replier de poste en poste en tirant sur l'ennemi, et de faire une résistance de plus en plus sérieuse au fur et à mesure que le nombre des combattants augmenterait avec le mouvement de recul.

Jusqu'à ce jour, on n'avait pas encore aperçu d'uniformes prussiens, quoiqu'on sût par des fuyards que l'ennemi approchait.

Cependant le capitaine Emporte-Pièce n'était pas sans inquiétude, non pour lui, car il avait vu trop souvent le feu pour être ému de celui qu'il allait essuyer. Il pensait aux paysans qu'il avait appelés à combattre.

N'était-il pas à craindre, en effet, que les Prussiens, exaspérés de la résistance qu'ils ne s'attendaient pas à rencontrer de la part des paysans, ne les fissent passer au fil de l'épée après la prise du château ? Car le capitaine ne se faisait pas illusion sur l'issue de la lutte : les canons prussiens auraient raison des tours de Wernel, et les paysans ne pourraient résister longtemps aux bataillons ennemis.

Le capitaine s'était dit que le château devait renfermer certain souterrain qui permettrait d'échapper aux fureurs prussiennes lorsque toute résistance serait devenue impossible.

Tous les châteaux du moyen âge avaient de ces sortes d'issues, et le capitaine ne douta pas d'abord que la marquise de Castelmont, propriétaire du château de Wernel, ne découvrît aisément dans les archives les indications nécessaires, si elle ne le connaissait elle-même.

Comme nous l'avons dit dans *la Redoute du capitaine Emporte-Pièce*, la marquise n'étant entrée en possession que depuis peu, du château dont une tante l'avait faite héritière, ce domaine lui était plus étranger qu'aux habitants du village.

A la demande du capitaine, elle fit elle-même de longues, mais infructueuses recherches, dans les archives, pendant plusieurs jours.

Cependant, comme cette découverte était

d'une grande importance, la vieille marquise eut recours aux aptitudes de M. l'abbé Deguy, curé de Wernel, que le capitaine trouva, au retour d'une de ses inspections, assis dans la bibliothèque, à une table couverte de parchemins.

— Eh bien ! Monsieur le curé, demanda le capitaine avec sa brusquerie et son sans-gêne habituels, avez-vous découvert le passage secret ?

L'abbé Deguy, sans cesser son travail, répondit :

— Hélas ! capitaine, mes recherches de ce matin n'ont pas été plus fructueuses que celles d'hier.

— Vous n'avez pas découvert le moindre indice ?

— Rien, rien.

— Rien ! mais c'est désespérant, fit le capitaine avec un accent douloureux. Malheureux jeunes gens, s'ils tombent entre les mains des ennemis !

Et cependant nous ne pouvons abandonner lâchement le sol de la patrie.

— Confiance, capitaine, dans le Dieu des armées !

Le capitaine Emporte-Pièce fut interrompu dans sa conversation avec M. l'abbé Deguy, par deux coups de fusil qui ne tardèrent pas à être suivis d'un feu de peloton. Il comprit aussitôt que les deux coups de fusil avaient été tirés par une sentinelle qui s'était repliée vers un poste dont les chassepots avaient parti à leur tour.

— Quoi ! serait-ce déjà l'ennemi? se demanda le capitaine.

Et aussitôt il descendit rapidement, traversa la cour en appelant aux armes, et se dirigea du côté où les coups de feu avaient retenti.

Mais ce qui ne tarda pas à l'étonner, c'est que la fusillade ne continua pas.

Tandis que l'abbé Deguy hâtait ses recherches, le capitaine était au milieu de ses soldats, qui, au bruit de la fusillade, s'étaient emparés de leurs armes. Déjà le lieutenant Lallier rappelait à chaque compagnie, à chaque escouade, le poste qu'elles étaient appelées à défendre.

Tout bon commandant qui veut éviter le trouble, en cas d'attaque imprévue, et assurer une défense efficace, a soin de désigner d'avance à chaque escouade le point qu'elle doit occuper. La guerre est un jeu terrible d'échecs, où les hommes sont les pions trop souvent ensanglantés.

D'un coup d'œil, le capitaine jugea des disposition prises. Il en fut satisfait, et, après avoir donné quelques indications au lieutenant Lallier, il se hâta vers les avant-postes.

Le même silence qui l'avait étonné d'abord régnait encore du côté où il avait cru à une attaque.

Quel ne fut pas son étonnement de voir ses soldats sans armes, entourant une voiture dont l'un des chevaux gisait à terre grièvement blessé!

— Que s'était-il donc passé?

Le paysan qui était en sentinelle avancée ne connaissait pas les divers uniformes qui composent l'armée française qu'il croyait tout entière en pantalon rouge. Ayant été mis en éveil par un galop de chevaux et un bruit de voiture, il crut que la cavalerie prussienne allait tomber sur lui. Le conscrit ne fut pas sans peur et encore moins sans reproche.

La peur troubla ses esprits et sa vue; il fit feu en criant :

— Les Prussiens!...

Les paysans qui composaient le poste sur lequel il se replia, tirèrent au juger sur l'ennemi.

Un juron retentit, et, tandis que les soldats rechargeaient leurs armes, une voix de stentor cria :

— Ami! ne tirez plus.

— C'est une ruse, pensa le caporal commandant le poste.

Cependant, dans la crainte d'une méprise, il ordonna à ses soldats de cesser le feu, de se tenir sur la défensive et alla à la découverte en s'effaçant derrière les arbres. Il ne tarda pas à remarquer à travers le feuillage que l'ennemi se composait de deux soldats français escortant une voiture dans laquelle se trouvait un officier qui se répétait en maugréant :

— Qui diable a pu tirer sur nous ?

Il est impossible que les Prussiens soient parvenus jusqu'ici.

C'est à n'y rien comprendre.

Le caporal en savait assez. Il appela aussitôt ses hommes et, en deux mots, leur apprit la situation.

Bientôt la voiture fut entourée.

Ils étaient occupés à mettre le véhicule en état de reprendre sa marche avec un seul cheval, lorsque le capitaine Emporte-Pièce arriva.

Après le premier moment d'étonnement à la vue de ses hommes qu'il avait crus d'abord soit en lutte, soit sur la défensive, ses regards se portèrent sur la voiture.

Il se frotta les yeux comme s'il était l'objet d'une hallucination.

— Mais c'est impossible, se disait-il

A peine ses paroles étaient-elles prononcées qu'un cri joyeux sortit de la voiture.

— Ah! le capitaine Emporte-Pièce!

— Le colonel Lamborel, s'écria à son tour le capitaine.

Et bientôt, deux amis qui avaient vieilli sous les armes, pour la défense de la patrie, s'embrassèrent fraternellement.

Le colonel Lamborel était de haute taille; son regard, toujours ferme, quoique tempéré d'une douceur naturelle, s'enflammait dans le combat : l'homme disparaissait devant le héros.

— Ainsi, lui disait le capitaine Emporte-Pièce, tu as assisté à ce combat de géants qui s'appelle la bataille de Reichshoffen.

— Et, comme tu le vois, ces Prussiens maudits ne nous ont pas épargnés!

— Ils étaient quatre contre un! Tu me raconteras, n'est-ce pas, cette lutte gigantesque? Mais auparavant, dis-moi si tu souffres beaucoup de tes glorieuses blessures.

Tu me sembles faire assez facilement usage de ton bras. Et ta jambe?

— Me refuse tout office et me fait diantrement souffrir.

Pendant que les deux amis s'entretenaient ainsi, on avait mis le véhicule en état de reprendre sa marche, et l'un des soldats vint prendre les ordres du colonel.

— En avant! fit-il aussitôt.

Puis, s'adressant au capitaine, il lui demanda à quelle distance il se trouvait de Wernel.

— A trois kilomètres tout au plus, répondit le capitaine.

— Et tu as organisé tout un système de défense, à ce que je vois. Mes compliments! fit-il en souriant.

— Tu souris en pensant à l'inexpérience de l'un de mes conscrits, qui t'a pris pour un Prussien. Mais tu comprends que je n'ai pu faire des vétérans en quelques jours.

Il est vrai que l'erreur est par trop grossière et que j'infligerai une fière punition à la sentinelle qui a tiré sur toi.

— Grâce pour ce conscrit, capitaine!

— Prendre le colonel Lamborel pour un Prussien! C'est par trop fort.

— Ce brave en herbe a peut-être cru que tous les soldats français étaient en pantalons rouges, et, comme ceux qui m'accompagnent...

Le capitaine, ayant jeté les yeux sur les ordonnances du colonel, répondit avec un accent où se mêlait une certaine satisfaction :

— Il y avait réellement pour cet ignorant lieu de se tromper.

— Tu vois bien que tu ne peux lui tenir rigueur de n'avoir pas la science militaire infuse et que tu ne peux le punir d'une faute involontaire.

— Soit! Tout le monde doit être satisfait à l'arrivée du colonel Lamborel! Il ne faut pas qu'il y ait d'ombre à ce tableau.

Le capitaine fut interrompu par une exclamation du colonel.

— Quel est ce château avec ses tourelles du moyen âge si solidement assises qu'elles peuvent défier le canon? Et ces redoutes? Et ces soldats?

— Ce sont, répondit le capitaine avec une certaine fierté, le château de Wernel, les redoutes que j'ai élevées et les francs-tireurs de Wernel et des environs dont l'un d'eux a tiré malencontreusement sur toi!

— Mais ils ont l'air martial.

Qu'attendent-ils donc? On dirait qu'ils sont sur la défensive et qu'ils craignent une attaque.

— C'est que mon lieutenant a rallié ses troupes, aussitôt que les coups de fusil, tirés par la sentinelle, lui ont fait craindre une attaque des Prussiens.

— Fort bien, mon cher ami. Reçois mes félicitations. Et, si ces maudits Prussiens s'avisent de passer par ici, plus d'un mordra la poussière.

— C'est ainsi que je l'entends.

Le lieutenant Lallier s'étant rendu au-devant d'eux, le capitaine lui expliqua en quelques mots que le colonel Lamborel qu'ils attendaient venait enfin d'arriver, et il le présenta à son ami.

Comme le capitaine avait fait le plus pompeux éloge du colonel, les francs-tireurs accueillirent son arrivée par des cris répétés de :

— Vive le colonel Lamborel ! vive le capitaine Emporte-Pièce !

Il semblait à ces conscrits que sous l'égide de ces deux braves, ils pouvaient défier l'armée prussienne tout entière.

Ce fut sous le charme de ces vivats que le colonel arriva au château de Wernel.

Là seulement il pensa où il était.

— Où me conduis-tu ? demanda-t-il à son ami. Ce château serait-il ta propriété ?

— Oh ! non, fit le capitaine en souriant, mes économies ne me permettent pas de telles acquisitions. Mais il a été mis à ma disposition par Mme la marquise de Castelmont, et j'en use pour donner à mon meilleur ami une hospitalité digne d'un héros de Reichshoffen.

II

LA ROBE NOIRE.

Assis dans un ample fauteuil, le colonel Lamborel voyait se dérouler devant son esprit les événements qui s'étaient accomplis rapidement depuis quelques jours.

Il partait pour combattre la Prusse avec l'illusion qui animait presque tous les Français en 1870. Ne se croyait-on pas à Berlin!

Puis arrivait, trop tôt hélas! la désillusion, la bataille de Reichshoffen, où il avait combattu vaillamment avec des héros jusqu'à ce qu'une balle le blessât au bras droit et fît tomber son épée frémissante. Il se voyait saisissant de sa main gauche cette arme meurtrière pour la retourner encore contre l'ennemi, lorsque la mort, qui fauchait tout autour de lui, l'effleura du bout de son aile et l'atteignit à la jambe gauche.

Il tomba au milieu des morts et des mourants.

Transporté à l'ambulance qui fuyait devant les Prussiens victorieux, le colonel pensa à son ami le capitaine Emporte-Pièce, qui devait vivre bien tranquille dans sa retraite de Wernel, et il prit bientôt la résolution de se faire conduire chez lui. « Là, se dit-il, je me guérirai et je pourrai bientôt reprendre les armes contre les ennemis de la patrie! »

Mais il ne s'attendait pas à trouver le capitaine installé dans le château de Wernel, qui, transformé en forteresse et hérissé de canons, n'en était pas moins confortable. Ce château était entouré d'étangs qui fournissaient des poissons de toute sorte et d'un parc où le gibier ne manquait jamais.

Des domestiques intelligents et attentifs avaient été mis aux ordres du colonel en attendant le médecin de Wernel, que la marquise de Castelmont, propriétaire du château, avait fait mander aussitôt.

Le colonel avait donc tout lieu d'être satisfait, et cependant il ne l'était pas.

Pourquoi?

C'est que l'homme est un animal déraisonnable.

Tandis que le colonel se trouvait à l'ambulance, il considérait Wernel comme une oasis après laquelle il soupirait. Mais l'homme n'est jamais satisfait : le bien-être dont il jouit lui semble bientôt fade et il soupire vers d'autres objets, cherchant toujours en vain le bonheur. Maintenant qu'il était bien tranquillement assis dans une maison où on l'entourait de soins, son imagination, cette folle du logis, se demandait quelle était cette marquise de Castelmont propriétaire du château qui allait devenir le théâtre d'une résistance désespérée contre les Prussiens.

Des quelques mots que le capitaine Emporte-Pièce lui avait dits à ce sujet, il concluait que la marquise était une femme courageuse ayant en haute estime les hommes valeureux qui versaient leur sang pour la patrie, mais qu'elle tenait essentiellement à ce que les personnes qui l'entouraient fussent fidèles aux pratiques religieuses.

Le colonel s'attendait à voir apparaître le chapelain du château.

La robe noire était l'épouvantail du colonel, qui, sans être imbu des aberrations de la libre pensée, croyant en Dieu, à l'immortalité de l'âme, à la divinité du Christ et de la religion qu'il a fondée, prétendait cependant que les prêtres catholiques devraient être mariés. C'est qu'il avait été élevé au milieu des protestants, dont les ministres, n'étant pas soutenus par la grâce divine, ne peuvent arriver à la pureté des esprits célestes !

Tandis que le colonel Lamborel était absorbé dans ces réflexions, le capitaine Emporte-Pièce entra dans sa chambre.

— Eh bien ! comment te trouves-tu, mon ami ? demanda-t-il.

Le colonel ne répondit pas. Il avait bien perçu un son, mais son esprit était ailleurs.

Etonné de ce silence, le capitaine lui dit :

— Mais qu'éprouves-tu donc, mon ami ? Tes blessures se seraient-elles ouvertes et te feraient-elles souffrir ?

Enfin, le colonel releva la tête et, jetant autour de lui un vague regard, il parla ainsi sans réfléchir à ce qu'il disait :

— Oh ! ces robes noires !…

Etonné le capitaine Emporte-Pièce se demanda d'abord si son ami était dans le délire ; mais en réfléchissant à ces mots : « Oh ! ces robes noires ! » il crut que le colonel avait eu un entretien avec M. le curé de Wernel ; aussi s'empressa-t-il de lui demander s'il n'était pas satisfait de M. l'abbé Deguy.

— L'abbé Deguy ! fit le colonel ; mais je ne le connais pas. Quelles sont donc ses fonctions ici ?

— Il est curé de Wernel.

— Dieu me préserve des calotins !

Mais, puisque tu m'as conduit dans le château de Wernel, apprends-moi à connaître la marquise de Castelmont, avec laquelle je me trouverai forcément en rapport.

— Je ne sais trop si je puis...

— Aurait-elle, par hasard, commis quelque crime ? fit le colonel, en souriant.

Le capitaine hésita quelques instants : c'est qu'il se demandait s'il pouvait dévoiler le passé de la marquise. Mais, comme les fautes de la pécheresse n'étaient un mystère pour personne à Wernel, il crut que le récit de la conversion de la marquise pourrait l'aider au projet, qu'il avait formé, de convertir le colonel lui-même.

— Eh bien ! fit le colonel, étonné du silence de son ami, parleras-tu ?

— Ecoute, et puisse, dit avec gravité le capitaine, l'exemple de Mme la marquise de Castelmont te servir de modèle !

— Diable ! ami capitaine, comme te voilà dévenu sérieux. Si je ne te connaissais pour un parpaillot, je te prendrais pour un frère prêcheur. Mais parle, je t'écoute.

— Te souviens-tu, colonel, que pendant notre vie de garnison à Paris, il n'était bruit dans un certain monde que de la fameuse Berthe de Castelmont?

— Eh bien?

— C'est la marquise de Castelmont, propriétaire du château de Wernel.

— Mes félicitations, capitaine, de tes brillantes relations, fit le colonel avec ironie.

— Sois sans crainte, colonel, de te souiller au contact de la marquise. Comme Madeleine, Berthe de Castelmont a expié ses fautes, et longuement même, en vivant misérablement dans une chaumière, non loin du château de Wernel.

— Dont elle était propriétaire?

— Oui, mais à son insu.

— Comment donc? Explique-toi.

— Je ne comprends pas.

— L'âme flétrie par le vice, et sa fortune dissipée dans les plaisirs, Berthe de Castelmont vint cacher sa honte à Wernel.

Elle y était depuis quinze ans, maudissant les hommes et insultant Dieu, lorsque la mort la menaça de son approche. C'est en vain que

M. l'abbé Deguy, curé de Wernel, lui offrit d'abord les secours de la religion. Elle avait perdu la foi.

C'était toute une discussion théologique à faire sur un lit de mort. M. le curé de Wernel se mit à l'œuvre et pria ardemment Dieu d'accorder à la pécheresse les lumières divines qui dissipassent les ténèbres de son esprit, avant que la mort qui s'avançait à grands pas ne vînt la saisir et la précipiter coupable encore au tribunal redoutable du Juge suprême.

— Mais il me semblait que tu me disais hier qu'elle était âgée, mais bien portante.

— Tu n'as pas oublié que la foi transporte les montagnes. Après sa confession, elle a invoqué Notre-Dame de la Salette et...

— Elle a été guérie?

— Instantanément, après avoir bu de l'eau de la fontaine miraculeuse.

Le colonel, comme nous l'avons déjà dit, croyait aux dogmes catholiques. Il ne fut donc pas étonné du miracle. Mais il lui semblait étrange que le capitaine, dont il se rappelait encore les attaques contre la religion et qui passait autrefois pour un esprit fort parmi les officiers du régiment, lui racontât ce fait miraculeux sans y mêler quelque sarcasme : il ignorait la conversion de son ami.

— Dieu, dit encore le capitaine, satisfait de la pénitence de la vieille pécheresse, qui vivait dans sa chaumière comme Job sur son fumier, lui rendit la fortune dont elle avait droit de jouir depuis douze ans, par la mort d'un membre de sa famille.

— Tout cela est vraiment merveilleux, fit le colonel, et cependant tu me fais le récit de l'air le plus naturel du monde. Mais je crois bien que le médecin qui apportait à la marquise le secours de sa mort n'aura pas vu ce fait d'un œil aussi tranquille.

Comment l'appelles-tu ?

— Le docteur Sapience.

— Qu'a-t-il dit ? Que pense-t-il des prêtres non mariés ?.....

Le colonel revenait toujours à son idée fixe.

En ce moment, on frappa à la porte de la salle.

Le capitaine s'empressa d'ouvrir. Il lui semblait avoir reconnu la marche du docteur.

— Ah ! docteur Sapience, dit-il, vous arrivez fort à propos. Mon ami le colonel Lamborel me demandait précisément ce que vous pensiez de la guérison miraculeuse de la vieille Berthe et surtout des prêtres non mariés. Prenez garde, docteur. Je sais que vous êtes un savant, un historien de première force ; mais mon ami renfermé dans son carquois bien des flèches empoisonnées, qu'il décoche avec adresse contre le clergé catholique, qu'il voudrait voir marié.

Je serais vraiment bien désireux de vous entendre discuter sur ce sujet. Y consentez-vous ?

— Bien volontiers, fit le docteur ; mais auparavant monsieur le colonel me permettra-t-il de sonder ses plaies glorieuses et de panser les blessures d'un héros de Reichshoffen ?

— Je vous en serai reconnaissant, monsieur le docteur, répondit gracieusement le colonel, qui était flatté plus qu'il ne voulait le laisser voir, des éloges du docteur.

Après avoir examiné le bras, le docteur dit :

— Voilà un bras qui, dans quinze jours, pourra encore faire mordre la poussière à bien des Prussiens. Voyons la jambe.

Le docteur ôta l'appareil.

— Vous me paraissez soucieux, docteur, fit bientôt le colonel. Y aurait-il quelque danger ?

— Non pas pour votre vie, mais pour votre impatience guerrière, qu'il faudra calmer pendant un long mois au moins.

— Je m'y attendais.

— Je comprends. Ce n'est pas la première fois que vous êtes blessé et que vous versez votre sang pour la patrie.

— Oh ! d'ailleurs, fit le capitaine, il pourra

satisfaire avant un mois ses instincts guerriers.

— Comment donc ? demanda le docteur.

— Les Prussiens ne tarderont pas à arriver ici, et, comme le bras du colonel sera bientôt guéri, il pourra diriger du haut d'une tour la défense du château et au besoin saisir un chassepot.

— Il est vrai, fit le docteur en soupirant, que l'avenir nous réserve bien des dangers.

— Laissons ces préoccupations pour le moment, docteur, si vous le voulez bien, et abordons la discussion du *progrès moral par le catholicisme*.

— Je suis aux ordres de monsieur le colonel, qui, d'après vous, capitaine, semble étonné qu'il se soit formé, au sein de l'Eglise catholique, une phalange d'hommes qui mènent une vie sainte et dont les fronts brillent surtout de l'auréole de la chasteté, vertu de prédilection du divin Modèle de toutes les vertus.

L'homme, dans le calme de la pensée, dans l'élan du cœur, n'aspire-t-il pas à la perfection ? Ne cherche-t-il pas à imiter l'Être suprême, qui est le type du bon et du beau ?

Eh bien ! ne doit-il pas être heureux d'accepter comme modèle le Fils, de Dieu qui souffrit que ses ennemis l'accablassent de toute la noirceur de leurs calomnies, mais qui jamais ne permit que leur souffle impur ternît la blancheur de sa robe virginale, ni que leur langue distillât le venin par des attaques contre sa moralité. Il fut le modèle parfait de la virginité; il eut un précurseur vierge, une Mère vierge, et ce fut le disciple vierge qui, seul, reposa sur son cœur.

Si le Fils de Dieu a montré une si grande prédilection pour la virginité, n'est-il pas convenable que ses ministres gardent aussi la chasteté?

— Mais, docteur, la continence du clergé est une invention de la Papauté. On ne voit pas d'exemple pareil dans l'antiquité.

— Permettez-moi de vous dire, colonel, que vous vous faites l'écho des détracteurs de l'Eglise qui voudraient faire croire que la virginité n'existait pas, n'était pas honorée comme une vertu sublime avant le christianisme, et que le célibat des prêtres fut inventé par les papes pour asservir le sacerdoce.

C'est en vain qu'ils se font une arme d'un bienfait de l'Eglise en l'exagérant; car s'il est vrai que c'est surtout depuis le christianisme et par lui que la virginité s'est répandue sur toute la terre comme une fleur qui, auparavant, croissait abandonnée, tandis que le christianisme en prend des soins particuliers et lui donne la première place parmi les premières vertus, on doit cependant reconnaître que les peuples de l'antiquité en comprenaient déjà le mérite et l'entouraient de leurs hommages et de leur respect.

— Vous m'étonnez, docteur. Prouvez s'il vous plaît.

— Mais, colonel, les documents historiques, les écrits et les discours des anciens sont unanimes à ce sujet.

Le vieil Homère, adressant sa prière à la divinité en faveur d'une prêtresse de Samos, s'exprime en ces termes : « Ecoute ma prière, Apollon, qui conduis la jeunesse : donne à cette femme de dédaigner l'amour et la couche des jeunes hommes, qu'elle trouve ses délices parmi les vieillards blanchis, dont la vigueur est éteinte, mais dont l'esprit est plein de vie. »

Le prince des orateurs grecs, Démosthène, s'écrie avec enthousiasme : « Je suis persuadé que celui qui entre dans le sanctuaire, qui touche aux choses saintes, doit être chaste, non-seulement pendant un certain nombre de jours déterminés, mais pendant toute sa vie. »

Virgile entoure d'une auréole plus grande que toutes les autres dans les Champs Elysées « le prêtre qui toujours garda la chasteté. »

Les grands hommes n'étaient que l'écho des

pensées des peuples. Nous voyons, dans Phorphyre, que les prêtres éthiopiens gardaient le célibat ; et saint Jérôme nous apprend que les prêtres égyptiens n'avaient pas de commerce avec les femmes. En Grèce, l'hiérophante était obligé à la plus rigoureuse continence, et nous y remarquons le Parthénon ou maison des vierges. Chez les Gaulois et les Germains, les prêtresses ne voyaient leurs époux qu'à certaines époques déterminées et, plusieurs même ne les recevaient qu'une fois l'année. A Rome, rien n'était plus sublime que le culte de Vesta, et les prêtresses étaient honorées comme des êtres surnaturels : devant leurs faisceaux, tout devait s'abaisser. La loi défendait aux prêtres hébreux d'épouser une femme répudiée, et le grand prêtre ne pouvait épouser une veuve. La polygamie, permise au reste du peuple était interdite au prêtre, qui devait se purifier avant d'entrer dans le sanctuaire.

— Vous voyez bien, docteur, s'empressa d'objecter le colonel, que les prêtres hébreux eux-mêmes étaient mariés.

— On comprend, colonel, que les prêtres hébreux, qui n'étaient que l'image du sacerdoce chrétien, n'aient pas été tenus à une chasteté perpétuelle, parce qu'ils ne sacrifiaient pas chaque jour et qu'ils pouvaient ainsi mettre un intervalle entre le devoir de l'époux et le service des autels. Mais il n'en est pas de même dans la nouvelle loi ; nos prêtres montent chaque jour à l'autel. Si les païens et les Juifs exigeaient déjà une si grande perfection pour la célébration de leur mystères, comment celui qui doit manger le corps et boire le sang de Jésus-Christ, ne devrait-il avoir qu'une chasteté vulgaire, tandis qu'il représente à l'autel le Dieu de toute pureté que sa parole fait descendre sur un autre Golgotha ?

Cette dissertation fut subitement interrompue par une exclamation du capitaine Emporte-Pièce, qui, pendant l'exposé du docteur, sans perdre un seul mot, se promenait de long en large, dans la salle, enchanté des connaissances historiques de son nouvel ami.

La conversion de son vieil ami, le colonel, lui semblait infaillible, lorsque, jetant par la fenêtre un coup d'œil distrait, il fut frappé à la vue d'uniformes étrangers.

— Les Prussiens, s'écria-t-il après s'être armé d'une longue-vue.

III

LES PRUSSIENS.

A cette exclamation du capitaine : « Les Prussiens ! » le colonel Lamborel bondit sur sa chaise.

Un cri de douleur suivit aussitôt.

Le colonel, à la pensée que les ennemis approchaient, avait oublié sa blessure.

Mais lorsqu'il jeta les yeux autour de lui, il chercha en vain le capitaine, qui s'était empressé d'aller prendre le commandement de ses troupes.

Des coups de feu répétés retentissaient.

Le docteur s'était approché du colonel, qui,

tout entier à l'attaque que lui présageait l'arrivée des ennemis, le repoussa de la main et lui dit :

— Je ne dois pas penser à moi en ce moment, Monsieur le docteur, mais à la patrie qui est en danger. Soyez assez bon pour rejoindre le capitaine et m'informer de ce qui se passe.

Aussitôt le docteur déféra au désir du colonel et ne fut pas longtemps à lui apprendre que l'avant-garde prussienne qui s'avançait sans précaution avait été surprise par les avant-postes et s'était retirée en désordre; que le capitaine avait disposé toutes ses troupes en bon ordre, que chaque défense était armée qu'il espérait bien faire mordre la poussière à un grand nombre d'ennemis et retarder considérablement la marche du corps d'armée.

— Mettez le comble à votre obligeance, Monsieur le docteur, en roulant mon fauteuil jusqu'à la fenêtre d'où je pourrai jeter un coup d'œil sur ce qui se passe.

Le désir du colonel fut bientôt satisfait.

A l'aide de la longue-vue que le capitaine avait abandonnée près de la fenêtre, le colonel examina les moyens de défense et dit avec une confiance mêlée d'orgueil :

— Les dispositions sont bien prises, et le château pourra résister de dix à quinze jours.

2.

— Fort bien, Monsieur le colonel; nous pourrons donc continuer notre discussion historique sur le célibat du clergé.

— Il est vrai que l'exclamation de mon ami m'avait fait complétement perdre de vue l'objet de notre conversation.

Après avoir jeté un nouveau coup d'œil scrutateur et écouté attentivement, le colonel, ne percevant aucun bruit de lutte, d'attaque ni de défense, ajouta :

— Je vous avouerai que vous m'avez prouvé péremptoirement et non sans m'étonner que la virginité était en haute estime chez les peuples de l'antiquité; mais j'ai souvent entendu dire et répéter que Notre-Seigneur Jésus-Christ n'avait pas institué le célibat du clergé. Expliquez-moi donc, s'il vous plaît, pourquoi les papes ont été plus sévères à cet égard que le divin Fondateur de la religion.

Le docteur réfléchit un instant, à la grande joie du colonel, qui crut l'avoir embarrassé. Mais bientôt il répondit :

— S'il est vrai que le Messie eut pitié de la faiblesse de la nature de ses disciples arrachés subitement à la corruption païenne, et qu'il n'institua pas directement le célibat ecclésiastique, il leur recommanda néanmoins tout particulièrement, la belle vertu de virginité, dont la pratique nous élève à la pureté, à la sublimité des anges.

— Prouvez, docteur, prouvez.

— Notre-Seigneur Jésus-Christ a dit : « Quiconque aura quitté son épouse à cause de moi, recevra le centuple et possédera la vie éternelle. » (1) — Puis : « Il y a des eunuques qui ont renoncé volontairement au mariage pour le royaume des cieux. » (2)

— Et les apôtres? qu'ont-ils fait?

— Ils ont imité la tolérance de leur divin Maître, tout en exaltant, comme lui, la virginité. Ecoutons saint Paul qui nous dit :

« Ce n'est point un commandement, c'est un conseil que je vous donne. Je voudrais que vous fussiez tous libres comme moi; mais chacun reçoit de Dieu le don qui lui est propre, celui-ci d'une manière, celui-là d'une autre... Celui qui marie sa fille fait bien, celui qui ne la marie pas fait mieux. Touchant la virginité, je n'ai point de précepte, mais je vous y invite... Celui qui est libre de l'union conjugale cherche la chose de Dieu et met toute sa sollicitude à lui plaire... » (3)

— Mais saint Paul et les apôtres ne prêchè-

---

(1) Matth., xix, 29.
(2) Matth., xix, 12.
(3) I Cor., vii, *passim.*

rent-ils pas dans le désert, et les chrétiens ne rejetèrent-ils pas ces principes, trop sévères, selon moi ?

— L'histoire nous apprend, au contraire, qu'au IIe siècle, le monde chrétien comprit la sublimité du célibat et que beaucoup eurent le courage de le mettre en pratique. « Il est parmi nous, dit saint Justin, un grand nombre de personnes des deux sexes, âgées de soixante et de soixante et dix ans, qui, dès leur enfance, ont été instruites de la doctrine de Jésus-Christ et persévèrent dans la chasteté ; je m'oblige à en montrer de telles dans toutes les conditions de la société. Ou nous nous marions pour avoir des enfants, ou, si nous fuyons le mariage, nous vivons dans une continence perpétuelle. » (1)

Athénagore, qui vivait dans le même siècle, dit aussi : « Il y a parmi nous un grand nombre d'hommes et de femmes qui vivent dans le célibat, par l'espérance d'être plus étroitement unis à Dieu... *Notre usage* est de demeurer tels que nous sommes nés ou de ne contracter qu'un seul mariage. » (2)

Ces deux textes nous disent assez clairement que ce n'étaient pas quelques personnes isolées

---

(1) *Inst. Apolog.*, n°15.
(2) Athenag., *Legat. pro Christ.*, n° 3.

qui observaient le célibat, mais que l'usage en était déjà très-répandu au II\ :sup:`e` siècle.

— Mais qu'advint-il dans les siècles suivants?

— Il me suffira de vous citer les noms de Thècle, de Pétronille, de Praxède, d'Eulalie, d'Anastasie, d'Agnès, d'Agathe, de Cécile, d'Ursule, de Lucie, de Victoire, de Catherine, d'Antoine, de Pacôme, etc., pour vous montrer que l'arbre de la croix, planté sur le mont Calvaire et arrosé du sang de Jésus-Christ, a porté sur ses branches virginales des fruits d'abnégation et de salut. La virginité et le célibat, découlant de Jésus-Christ, comme d'une source intarissable, se répandirent par le canal des apôtres sur toute la terre ; et bientôt les plantes élevèrent leurs tiges vers le ciel en répandant partout le parfum odoriférant de leur chasteté.

— C'est étrange et à ne pas y croire.

— Consultez l'histoire, colonel, et vous y lirez que du temps de saint Jean Chrysostôme, la ville d'Antioche contenait trois mille vierges. Saint Jérôme dit qu'à Rome les monastères de vierges étaient nombreux, et ceux des moines innombrables. En Afrique, du temps de saint Augustin, c'était comme une milice de l'un et l'autre sexe, qu'on pouvait à peine compter. Le nom de la Thébaïde parle, à lui

seul, plus haut que tous les faits. La Thébaïde !
où l'on comptait plus de cinq mille religieux ;
la Thébaïde ! qui a réalisé la prophétie d'Isaïe :
« Le désert se réjouira, la solitude sera dans
» l'allégresse et fleurira comme un lis, elle
» germera de toutes parts. Elle tressaillera et,
» dans l'abondance de sa joie, fera retentir ses
» louanges. » (1) Louanges telles que Dieu n'en
avait jamais reçues de plus unanimes, de plus
ferventes, de plus épurées par la virginité du
cœur et des sens.

Le docteur s'interrompit lui-même et dit :

— Mais vous ne m'écoutez pas, ce me semble,
colonel !

— Pardon, docteur ; c'est que j'aperçois le
capitaine qui revient vers le château.

— A-t-il l'air préoccupé, inquiet ?

— Oh ! il est trop éloigné encore pour que je
puisse distinguer ses traits, dit le colonel.

Puis, saisissant sa longue-vue, il ajouta :

— Le capitaine est suivi de plusieurs soldats qui portent un blessé sur un brancard.

— Un blessé ! fit le docteur, en se dirigeant
vers la porte.

— Mais qu'allez-vous donc faire, docteur ?
Vous ne pouvez panser efficacement des blessures

---

(1) Isaïe, xxxv, 1-2.

en plein champ. Attendez plutôt ici, et tirez les conclusions des faits historiques que vous me rappeliez tout à l'heure.

Comme le docteur hésitait, le colonel dit encore, avec un sourire quelque peu empreint d'ironie.

— En attendant que vous portiez remède au blessé, n'oubliez pas que vous m'avez promis de verser le baume de vos connaissances sur les plaies morales de mon esprit, imbu, comme vous le pensez, des aberrations protestantes et philosophiques sur le mariage du clergé.

— Souriez tout à votre aise, colonel; mais réfléchissez à ce que je vais vous dire et faites-moi des objections sérieuses si vous le pouvez.

Ne vous semble-t-il pas que si les peuples de l'antiquité tendaient à la pureté du sacerdoce, que si de tels exemples ont été donnés au milieu des vices du paganisme, il est faux de prétendre que le célibat a été institué par les papes et qu'il soit contre nature, vu que l'idée du célibat est venue naturellement aux peuples qui l'ont pratiqué sans aucun enseignement préalable et en vue d'être agréables à la Divinité, en l'imitant?

La chasteté fut ensuite le plus bel apanage de l'Eglise catholique. Elle brille par les vertus de ses enfants et de ses ministres qui, montrant une force surhumaine, savent retracer sur la terre l'image de la pureté du Ciel. Faible roseau, l'homme chaste demande la force de ne pas céder au souffle empesté de la tempête des passions et reste inébranlable en élevant ses pensées et ses regards vers le Tout-Puissant.

Les prétendus réformés, séparés du tronc de vie, ne tirant pas leur force de la Divinité, ont compris que l'humanité seule ne peut enfanter cette vie de sacrifice. Ils ont confessé leur faiblesse en permettant que leurs prêtres, par le mariage, rampassent à terre comme le commun des mortels, tandis qu'autrefois leurs pensées, vierges comme eux, n'avaient, pour ainsi dire, de commerce qu'avec le Ciel.

— Mais ne vous semble-t-il pas cruel, docteur, de forcer des personnes à vivre dans le célibat et de les exposer ainsi à violer leurs vœux et à devenir parjures ?

— On ne force personne à faire le vœu de chasteté. Il se présente assez d'hommes qu'un don particulier du ciel appelle à imiter la pureté du Christ. Leur cœur, embrasé du divin amour, rejette comme imparfaite toute affection sensible et terrestre. « L'Église catholique, dit William Cobbett, ministre anglican, *ne force personne* à faire de semblables vœux. Elle dit seulement qu'elle n'admettra aucun individu au *sacerdoce ou dans le monastère*, qui refuserait de faire ce vœu » (1).

— Mais enfin, docteur, l'homme qui fait le vœu de chasteté n'est plus libre.

— Quoique Dieu fasse nécessairement le bien, peut-on conclure qu'il n'est pas libre ?
Faibles mortels, nous sommes sujets à l'erreur, c'est là notre défaut. Mais nous pouvons, par un effort sublime de la volonté, nous élever, pour ainsi dire, de la terre au ciel, en faisant le vœu de chasteté. Nous sommes faibles, changeants, et, pour remédier à cette faiblesse de la nature, posons un acte héroïque, osons imiter le Fils de Die en pratiquant la plus belle et la plus sublime des vertus : la virginité.

— L'homme est si inconstant !

— Voilà précisément pourquoi celui qui veut prévenir les effets de son inconstance se lie et, mesurant d'un coup d'œil les éventualités, les domine d'avance. Cet effort de l'homme, pour s'enchaîner au bien pendant toute sa vie, est l'exercice le plus vaste qu'il puisse faire de sa liberté. Il se rapproche ainsi de l'état des bienheureux, qui n'ont plus la triste liberté de

---

(1) *Histoire de la réforme protestante en Angleterre et en Irlande.*

mal faire, et qui sont dans l'heureuse nécessité d'aimer Dieu.

— Quoi que vous en disiez, docteur, c'est un acte bien grave de se lier pour toute la vie !

— Mais le mariage n'est-il pas un lien indissoluble ? Vous trouvez tout naturel que des jeunes vierges inexpérimentées aient la liberté de choisir un époux pétri des défauts de l'humanité, et vous voulez les empêcher de quitter le monde et ses dangers pour ne penser qu'à Dieu !

Dans l'un et l'autre cas, cependant, elles se lient pour toujours : l'une se donne à un homme faible et inconstant et reçoit les félicitations du monde, tandis qu'on n'a que du mépris pour celle qui s'appuie sur Dieu en se donnant à lui. O folie humaine, voilà où tu nous conduis !

— Mais, docteur, le clergé, les religieux même sont loin d'avoir toujours donné l'exemple de la chasteté : vous ne pouvez nier qu'autrefois, dans l'Eglise catholique, la discipline a été fort relâchée et que nous voyons encore de nos jours des prêtres qui devraient être les modèles du peuple se changer en scandale.

— Ces faits sont regrettables, mais ne me surprennent pas. Les ministres qui remplissent les charges sacerdotales ne sont-ils pas hommes ? ne sont-ils pas faibles et sujets au péché ? Que devons-nous conclure de leur inconduite ? Que l'homme introduit jusque dans l'accomplissement même des devoirs divins, la faiblesse de sa raison et le trouble des passions. Et, comme nous remarquons que, malgré la faiblesse de ses ministres, la religion se montre toujours brillante de mérites et de bonnes œuvres, nous devons conclure qu'elle a une force intrinsèque et divine, et faire tous nos efforts pour diminuer les maux qui l'affligent.

Mais n'oublions pas que les prêtres et les religieux qui tombent font exception. C'est l'ivraie qui se trouve mêlée au bon grain et que le père de famille rejette de son champ. Néanmoins quelle abondante moisson il reste pour le Ciel ! que d'exemples de vertu sont donnés au milieu des vices de leurs détracteurs qui n'oseraient produire au grand jour leurs orgies cachées dans la nuit, pendant que ceux qu'ils calomnient prient dans le silence pour leurs persécuteurs.

— Vous êtes sévère, docteur !

— Non pas, non pas, et je vous dirai même pourquoi les libertins font tant de bruit lorsqu'un prêtre s'écarte de ses devoirs et imite leur immoralité.

C'est que la vie religieuse, pure de toute faute, contraste avec leur conduite déréglée;

c'est parce que, n'ayant pas souvent un motif fondé d'attaque, ils saisissent avec empressement celui qui se présente; ils l'exploitent et trouvent dans leur cœur corrompu des degrés de corruption que le coupable lui-même ignore.

« On ne peut nier, a dit Voltaire, qui ne peut être accusé d'indulgence, qu'il n'y ait eu dans le cloître de très-grandes vertus; il n'est guère encore de monastère qui ne renferme des âmes admirables, qui font honneur à la nature humaine. Trop d'écrivains se sont fait un plaisir de rechercher les désordres et les vices dont furent souillés quelquefois ces asiles de piété. Il est certain que la vie séculière a toujours été plus vicieuse et que les plus grands crimes n'ont pas été commis dans les monastères; mais ils ont été plus remarqués par le contraste avec la règle. »

Le colonel, fort embarrassé de cette citation de Voltaire, saisit avec empressement la diversion que l'arrivée du capitaine apporta tout naturellement à la conversation.

— Maintenant, docteur, dit-il, je ne puis plus abuser de vous; portez au blessé le secours de votre art.

— Eh bien, capitaine, ajouta le colonel, tandis que le docteur s'empressait de se rendre à son œuvre de charité, eh bien ! il me semblait tout à l'heure que tu amenais un blessé. Serait-ce un des défenseurs de Wernel ?

— Grâce au ciel, il n'en est rien.

— C'est donc un Prussien ?

— Précisément. Et, pour ne pas te faire attendre mon récit, que tu grilles, je le vois, de connaître, je te dirai que les Prussiens, croyant pouvoir marcher en toute sécurité, furent fort surpris, épouvantés même, des coups de fusil qui leur furent tirés. Cependant, après un moment d'hésitation, ils poussèrent en avant; mais les uhlans, à la vue de quatre des leurs qui mordirent la poussière, s'enfuirent en désordre.

— Bravo! fit le colonel.

— Ah! plus d'un Prussien tombera encore sous nos balles, s'écria le capitaine avec l'exaltation du guerrier habitué aux enivrements du carnage des batailles.

— Quelle horrible chose que la guerre! fit en soupirant le docteur, qui venait de rentrer dans la salle, pour chercher une trousse qu'il y avait laissée. On s'égorge, et on se réjouit de la mort de ses semblables !

— Mais pourquoi aussi les Prussiens envahissent-ils le sol français ? s'écria le colonel.

— Ah! colonel, rappelons-nous avec remords les infamies qui ont accompagné nos troupes, lorsqu'elles firent flotter, par la force des armes, notre drapeau sur toutes les capitales de l'Europe !

— La guerre est un mal nécessaire.

— Elle n'en est pas moins un mal.

N'est-il pas déplorable que des hommes généreux et compatissants qui se dévoueraient, en temps de paix, au bien-être de l'humanité, se ruent tête baissée contre ceux qui se disent et qu'ils appellent leurs ennemis, sans les connaître, et les égorgent avec bonheur.

— Allez-vous par hasard nous blâmer de verser notre sang pour la défense de la patrie ?

— Non certes ; mais il m'est bien permis, je le crois, de regretter, que les peuples pensent plus à leurs ambitions mesquines qu'à la justice, aux chimères du temps qui les émeuvent qu'à l'éternité....

IV

L'ATTAQUE.

— Il faut cependant que je découvre ce passage secret!... Hélas! la vie de presque tous mes paroissiens en dépend...

Mon Dieu, frappez-moi, mais épargnez mon troupeau : ces femmes, ces enfants, ces vieillards, ces jeunes gens pleins de vie, ces hommes courageux que les Prussiens égorgeraient s'ils s'emparaient du château de Wernel avant que j'aie découvert l'issue cachée qui doit les mettre à l'abri de l'épée du vainqueur.

Et M. l'abbé Deguy, quoique exténué de fatigue après une nuit d'insomnie, reprit ses recherches avec une ardeur nouvelle, malgré huit longs jours d'un travail incessant et infructueux. Il se rappelait la parole de l'Évangile :

« Cherchez et vous trouverez. »

Le bon pasteur n'avait point trouvé, mais il avait foi en la cause dont il se faisait le champion.

Ses paroissiens, en défendant le château de Wernel qui commandait un des défilés des Vosges, retardaient la marche d'un corps d'armée prussien; ils faisaient acte de bons citoyens. Et leur curé, tout en déplorant les maux de la guerre, ne pouvait les blâmer d'avoir suivi les conseils du capitaine Emporte-Pièce et de s'être armés pour la défense de la patrie.

Bientôt l'abbé Deguy fut de nouveau absorbé dans ses recherches. Aussi n'entendit-il pas la porte de la bibliothèque qui s'ouvrait discrètement. Le capitaine Emporte-Pièce, qui soutenait les pas chancelants du colonel Lamborel, s'avança sans bruit vers la table où se trouvaient classés, pêle-mêle, mais dans un certain ordre cependant, les parchemins du château.

Soudain le capitaine s'arrêta, et mettant un doigt sur la bouche, il pria du regard le colonel de ne pas trahir leur présence.

Un autre geste et un autre regard expressifs disaient en même temps au colonel : Écoutez.

— Oui, mon Dieu, répétait le curé de Wernel qui se croyait seul, oui, mon Dieu, je vous en supplie, prenez ma vie, mais épargnez mon troupeau... Ma vie importe peu. Prêtre, je n'ai pas de famille, je puis donc m'offrir en holocauste pour toutes les familles. Mon Dieu, acceptez mon sacrifice et épargnez mes paroissiens...

— Entendez-vous, colonel? fit le capitaine, et que pensez-vous de cet héroïsme inconnu, produit du célibat?

L'abbé Deguy se retourna brusquement au bruit de la grosse voix du capitaine, et, confus d'avoir été surpris dans l'expression de son dévouement, il dit d'un ton de reproche :

— Comment! capitaine, vous étiez dans la bibliothèque? et vous ne m'avez pas averti! C'est presque écouter aux portes...

— Vos reproches m'émeuvent peu, monsieur le curé, répondit le capitaine en souriant.

— Vous êtes donc un pécheur impénitent? fit le curé avec bonhomie.

— Écoutez-moi, monsieur le curé, et blâmez-moi après tout à votre aise, si vous le jugez bon. Vous savez que mon ami le colonel Lamborel est imbu d'idées — je ne dirai pas libres-penseuses, car il croit en Dieu et à la divinité de la religion catholique, — mais erronées sur le célibat du clergé...

En entrant dans la bibliothèque, j'ai été trop heureux d'entendre votre monologue, qui faisait briller le progrès moral en action. Au lieu de vous avertir de notre présence, de vous arrêter dans l'expression de votre dévouement, je vous aurais poussé dans cette voie, si je l'avais pu, quoique votre sacrifice ne laissât rien à désirer.

Qu'en penses-tu, ami colonel? Crois-tu qu'un ministre protestant marié et père de famille s'offrirait ainsi, de cœur joie, en holocauste pour ses paroissiens?

— Loin de moi la pensée, repartit le colonel, de nier l'évidence. M. le curé de Wernel est un saint.

— Oh! monsieur le colonel, interrompit aussitôt et presque avec effroi l'abbé Deguy en rougissant.

— N'interrompez pas, s'il vous plaît, monsieur le curé, et n'oubliez pas, vous capitaine, que l'exception ne modifie pas la règle, qu'il peut se trouver un prêtre qui se dévoue pour ses ouailles et offre même à Dieu sa vie pour leur conservation; mais cela ne me prouve pas que le célibat ecclésiastique produise ou doive produire, en tous, le même esprit de sacrifice. Je dirai plus : je me demande si le célibat du clergé n'a pas été plus nuisible qu'utile à la religion catholique et à la société qu'elle dirige.

— Pardon, colonel, repartit l'abbé Deguy. L'histoire prouve l'action bienfaisante du célibat ecclésiastique. Et si vous le désirez, je vais vous en fournir les preuves les plus convaincantes. Mais, comme cela pourrait être un peu long, permettez-moi de vous prier de vous asseoir.

Le colonel prit place dans un ample fauteuil et

reposa sa jambe, qui était en bonne voie de guérison, sur un pliant que l'abbé Deguy lui avança avec complaisance.

L'abbé ne tarda pas à parler en ces termes :

— Vous vous demandez, n'est-ce pas, colonel, si le célibat du clergé a été d'un exemple utile à la société?

— Précisément.

— Comme ma parole pourrait vous paraître suspecte...

— Pardon, monsieur le curé, je n'ai pas dit cela.

— Allons droit au but; tranchons dans le vif. Ce n'est pas moi qui vous parlerai, mais un homme qu'on ne peut accuser de faiblesse pour la religion catholique, M. Aimé Martin.

— Quoi! Aimé Martin a loué le célibat du clergé?

— Écoutez. Il parle des premiers siècles de l'Église, de cette société qui avait vu les désordres, les excès des Tibère, des Néron, des Messaline : le vice couronné!

« Peut-être, dit M. Aimé Martin, les excès de l'ascétisme et du monachsime étaient-ils un des éléments indispensables d'une régénération complète. Le monde, à cette époque, n'entendait que par les sens : Rome, en mourant, l'avait laissé matérialiste et athée. Il fallait le dématérialiser, détruire l'empire du corps par la mort des sens, spiritualiser les âmes par le mépris de la matière, arriver à la connaissance de Dieu par le détachement complet de soi-même, et à la nécessité d'une vie immortelle par les dégoûts d'une vie terrestre. Sous ce rapport, la vie d'austérité et de pénitence fut favorable au genre humain. Elle prouvait la supériorité de l'esprit sur la matière; elle offrait le grand spectacle d'un intérêt matériel qui renonçait aux richesses et aux grandeurs terrestres pour quelque chose d'idéal, placé au delà; elle développait dans l'homme cette faculté vivifiante qui lui infuse des vérités inconnues en l'entraînant vers l'infini : dès lors il y eut comme une révélation de nos véritables destinées. L'invisible fut plus puissant que le visible, et le monde passa du néant à l'immortalité (1). »

— Je ne comprends pas trop bien pourquoi Aimé Martin tient ce langage ?

— Parce qu'il est indispensable à la conservation de la société, qu'au milieu de la volupté, de l'avarice, de l'ambition, il y ait des hommes courageux qui donnent l'exemple de la mortification et sacrifient leur orgueil sur l'autel de l'humilité; qu'à côté des palais dorés des rois et des empereurs se trouvent des catacombes, où les préceptes du Christ soient suivis, où de pieux exemples por-

---

(1) *De l'éducation des mères de famille.*

tent à la vertu et préservent de la corruption; que, non loin des cités populeuses où le vice règne en maître, se déroulent des thébaïdes, où des solitaires prient dans le silence pour la conversion des païens et offrent au ciel leurs peines et leurs souffrances, afin de contre-balancer le poids de l'iniquité de ceux qui n'ont pas encore ouvert les yeux à la lumière de l'Évangile.

Que deviendrait le monde si l'on n'opposait une digue puissante au torrent qui l'entraîne vers le mal? Les idées de justice, d'équité et de vertu s'effacent vite de notre esprit, lorsque l'injustice et le vice sont puissants et qu'ils usent de leur force pour couvrir la vertu de ridicule. Il est nécessaire que des exemples de vertu et d'héroïsme soient donnés chaque jour par des prêtres et des religieux, et que nous soyons, en quelque sorte, placés sous la garde de ces anges de paix. Lorsque l'enfer et sa honteuse cohorte se déchaînent contre le genre humain, il faut que la sainte milice du Seigneur couvre le monde de son égide protectrice.

— Ce que vous me dites là me semble assez fondé. Mais cependant je ne serais pas fâché de savoir, monsieur l'abbé, si votre appréciation et celle de M. Aimé Martin, qui, soit dit en passant, m'étonne comme défenseur de la religion catholique, ont été partagées par plusieurs.

— Certainement. Et un grand nombre d'adversaires du catholicisme en ont même, dès les premiers siècles de l'Église, reconnu l'heureuse influence.

Les écrits de Pline le Jeune, de Celse, de l'empereur Antonin, de Julien l'Apostat, de Lucien, etc., renferment l'apologie des mœurs des premiers chrétiens. La lettre, devenue si célèbre, de Pline à l'empereur Trajan atteste les vertus des chrétiens, que les païens avaient d'abord accusés de toutes sortes de crimes. Celse avoue que les chrétiens étaient modérés, tempérants, sages et intelligents. L'empereur Antonin reconnaît leur innocence et déclare qu'ils sont, en tout, supérieurs aux païens qui demandent leur mort. Lucien, dans son *Histoire de la mort* de Pérégrin, rend aussi justice à la douceur et à la simplicité de leurs mœurs. Nous ne trouvons ni dans les écrits de Porphyre, ni dans ceux d'Hiéroclès et de Jamblique, aucune attaque contre les mœurs des chrétiens. Julien l'Apostat lui-même a été forcé de faire leur éloge. Dans les reproches qu'il adresse aux païens, il leur dit que c'est la vie réglée des chrétiens qui a produit la considération dont ils jouissent dans le monde. Il voulut, mais en vain, introduire, parmi les prêtres païens, la discipline et la pureté des mœurs du christianisme. Cet apostat avait sans doute oublié que la chasteté est une plante qui vient du ciel et qui ne vit que de la rosée céleste......

Une vive fusillade, suivie aussitôt de plusieurs coups de canon, fit bondir sur son fauteuil le colonel Lamborel, qui poussa un cri déchirant causé par la douleur que lui occasionnait ce brusque mouvement.

Tandis que l'abbé Deguy s'empressait auprès du colonel et se préoccupait de sa souffrance, le capitaine Emporte-Pièce, tout entier à la défense qu'il dirigeait, sortait précipitamment et courait vers le point menacé. Son expérience militaire lui faisait prévoir que les Prussiens s'étaient ménagé quelque surprise.

A peine fut-il hors du château qu'il ne tarda pas à se convaincre du danger qui menaçait sa ligne de défense.

Ses soldats improvisés, peu accoutumés au feu, avaient reculé devant les Prussiens, qui, s'étant d'abord dissimulés, se présentèrent subitement en colonnes serrées et enlevèrent les premières défenses avancées.

Heureusement que le prudent et valeureux sergent Lallier, qui veillait toujours et surtout lorsque son chef n'était pas là, se porta aussitôt en avant. Il rallia ses troupes au moment où les Prussiens marchaient à l'assaut des retranchements. Une lutte très-rude et meurtrière s'engagea. Partout où le danger était plus pressant, le lieutenant Lallier se transportait pour stimuler

l'ardeur de ses jeunes recrues, que le crépitemen
de la fusillade faisait instinctivement trembler.

Cependant quelques fuyards, au lieu de suivre
le noble exemple de leur courageux lieutenant, se
sauvaient vers le château, lorsque le capitaine
Emporte-Pièce les arrêta en criant :

— Malheureux! n'êtes-vous donc plus Français ?
Les lâches seuls tournent le dos au combat ; les
braves en tombant semblent encore menacer
l'ennemi.

Les fuyards s'arrêtèrent à ces valeureuses paroles et, à l'exemple de leur capitaine, ils se précipitèrent vers le lieu du combat.

La petite troupe improvisée du capitaine Emporte-Pièce se grossissait des nouveaux fuyards qu'elle rencontrait en poursuivant sa marche au pas de course. La vue du commandant et des soldats que son langage et son attitude avaient électrisés, donnait du courage à ceux qui étaient le plus épouvantés par le tumulte du combat.

Cependant le capitaine craignait d'arriver trop tard. Déjà les Prussiens avaient escaladé le retranchement, lorsqu'il tomba sur eux avec fureur.

Les Prussiens reculèrent d'abord sous ce choc terrible, et le capitaine était sur le point de les rejeter dans le fossé qui protégeait le retranchement lorsque des renforts qui arrivaient à l'ennemi par la brèche ouverte, leur permit de reprendre l'offensive.

Alors ce fut une lutte acharnée, où Français et Prussiens tiraient à bout portant et s'égorgeaient à la baïonnette.

Là encore la *furia francesa* servit nos troupes, et l'ennemi fut précipité du haut des remparts.

Déjà le capitaine poussait un cri de joie lorsque son attention fut attirée sur un autre point menacé par l'ennemi, qui s'avançait en colonnes tellement serrées que les vides faits dans leurs rangs par la mort étaient aussitôt comblés. Les Prussiens, comme l'hydre de Lerne, semblaient renaître de leurs cendres, tandis que les francs-tireurs qui défendaient un bastion à l'extrémité des retranchements, s'étant portés en trop grand nombre au secours de leurs compagnons d'armes sur le point menacé et valeureusement sauvé par le capitaine, l'ennemi en avait profité pour monter à l'assaut du bastion dégarni de défenseurs.

Le capitaine avait trop d'expérience pour commettre la même faute que ses soldats. Mais, quand il jeta les yeux autour de lui pour rallier quelque troupe disponible et courir sus à l'ennemi, il poussa un cri de désespoir. Les rangs étaient tellement décimés qu'il ne pouvait presque pas enlever d'hommes à la défense du retranchement que l'ennemi ne tarderait pas sans doute à attaquer avec fureur pour laver sa défaite.

— Que faire? se demandait-il avec douleur. Ah! si nous avions trouvé le passage secret du souterrain, je donnerais le signal de la retraite. Mais il faut vaincre ou mourir !

En se parlant ainsi à lui-même, il se tournait vers le château.

Soudain sa figure s'illumina et un formidable cri de : En avant ! retentit.

Qu'avait-il donc aperçu ?

C'est que le colonel Lamborel n'était pas resté inactif.

Ne pouvant, à cause de sa blessure, voler au secours de son ami, il avait mis son intelligence au service de la défense.

Sonner l'alarme, donner l'ordre à tous les hommes valides du château de s'armer et de voler vers le lieu du combat fut l'affaire de quelques instants.

C'était la petite troupe rassemblée par les ordres du colonel que le capitaine avait aperçue au moment où il croyait tout perdu.

Courir à ces soldats et les mener à l'ennemi fut aussitôt fait par le capitaine.

Il était temps. Plus de deux cents Prussiens avaient déjà escaladé le retranchement.

Une lutte terrible, effroyable, s'engagea, et nos

soldats inférieurs en nombre n'en seraient pas sortis vainqueurs, si le lieutenant Lallier n'avait rallié une escouade de cinquante hommes, dont les uns prirent subitement l'ennemi en flanc, tandis que les autres tirant à bout portant faisaient retomber dans le fossé les ennemis qui s'efforçaient d'escalader à leur tour le retranchement.

V

VOLTAIRE, LES PROTESTANTS ET LES LIBRES-PENSEURS APOLOGISTES DE LA PAPAUTÉ

— Vraiment, capitaine, vous vous êtes conduit en héros ! Partout où le danger se montrait menaçant, là bientôt aussi se précipitait le capitaine Emporte-Pièce, qui rejetait, du haut des retranchements, les Prussiens dans les fossés. Que d'ennemis ont mordu la poussière !

Cette rude action les rendra plus circonspects, et nous voilà tranquilles pour quelques jours.

Ainsi s'exprimait le colonel Lamborel à la vue du capitaine Emporte-Pièce, l'œil en feu, respirant la poudre et le combat.

Le colonel ajouta :

— Ah ! maudite blessure qui m'a empêché de prendre part au combat !

— Votre concours n'en a pas moins décidé du succès de la journée.

— Comment donc ?

— Trêve de modestie ! Croyez-vous que je n'aie pas compris d'où venait que le secours inespéré qui m'est arrivé au moment où, un grand nombre de mes braves francs-tireurs étant tombés sous les bataillons serrés des ennemis, je n'avais plus sous la main que quelques braves...

Tandis que l'ennemi, dans la préoccupation générale, s'était emparé d'un bastion faiblement gardé, la prévoyance du colonel Lamborel veillait. Il fit sonner le boute-selle à tout homme valide, et au moment où je jetais un regard désespéré sur mes soldats morts ou mourants, un secours qui décidait de la victoire m'arrivait du château. Qui donc, si ce n'est vous, avait donné au château l'ordre de marcher au combat ?

— Je l'avoue ; c'est moi.

— C'est donc vous qui avez décidé de la victoire.

— Oui, si vous y tenez absolument ; mais avouez aussi que c'est avec le bras du capitaine Emporte-Pièce.

— Soit ! mais il ne suffit pas d'avoir aujourd'hui repoussé ces Prussiens, ces maudits envahisseurs du territoire national, il faut penser à l'avenir.

Dès demain les Prussiens, impatients de venger leur insuccès, se prépareront à une nouvelle attaque. Ils reviendront en plus grand nombre et disposeront leurs batteries pour soutenir l'assaut et balayer les défenseurs des parapets. S'ils n'avaient pas cru n'éprouver qu'une faible résistance de la part de paysans inexpérimentés, ils auraient déjà fait usage de leurs canons.

Croyez-vous que les vieilles tours féodales du château de Wernel pourront résister longtemps aux bombes, aux boulets, aux obus?

Que deviendront alors nos braves francs-tireurs, que les Prussiens, exaspérés d'une résistance inattendue, feront peut-être passer au fil de l'épée?

— Comme Léonidas aux Thermopiles, ils mourront en défendant le sol de la patrie, et l'histoire redira aussi d'âge en âge leur héroïque trépas.

— Bravo! colonel.

La mâle figure du capitaine reflétait l'enthousiasme en prononçant ce mot : bravo. Il pensait à la patrie envahie. Mais bientôt sa physionomie s'assombrit, son front se plissa. C'est qu'il pensait aussi aux femmes et aux enfants qui avaient cherché un refuge dans le château de Wernel et qui pourraient devenir la proie des ennemis.

Il avait tant de fois regardé la mort en face qu'il ne craignait rien pour lui, mais il frémissait à la pensée de voir des êtres inoffensifs tomber sous les balles vengeresses d'un vainqueur irrité.

— Où est M. l'abbé Deguy? demanda-t-il soudain, comme s'il répondait à une pensée intime.

— A la salle de la bibliothèque, sans doute, fit le colonel. Il ne semble pas heureux dans ses recherches, ce bon curé de Wernel. Voilà huit longs jours qu'il cherche en vain dans les paperasses du château quelque indice qui le mette sur la voie du fameux souterrain que tous les habitants de Wernel affirment exister, mais que personne n'a jamais vu.

— C'est un homme bien dévoué à ses paroissiens que ce brave abbé Deguy. Voilà non-seulement huit jours, mais presque aussi huit nuits qu'il passe à ces ingrates recherches, car il ne prend pour ainsi dire pas de repos. C'est qu'il s'agit de la vie de ses ouailles, et s'il ne fallait que le sacrifice personnel de son existence pour obtenir les indications qu'il cherche, ce serait bientôt fait. Le bon pasteur, dit-il, doit donner sa vie pour son troupeau !

Le capitaine allait continuer l'éloge du vénérable curé de Wernel, lorsqu'il le vit entrer, le visage soucieux.

— Eh bien, monsieur le curé, demanda aussitôt le capitaine, avez-vous trouvé quelque indice qui permette à nos pauvres francs-tireurs, à leurs femmes, à leurs enfants, d'échapper à la vengeance prussienne, lorsque le château sera envahi ?

— Hélas! non, répondit l'abbé Deguy, dont la physionomie devint plus sombre encore.

La douleur du bon curé émut le colonel Lamborel lui-même, dont les idées erronées sur le célibat du clergé étaient cependant loin d'être entièrement dissipées.

— Nous parlions précisément de vous, M. le curé, fit-il, et mon ami le capitaine Emporte-Pièce disait avec assurance que vous étiez prêt à donner votre vie pour sauvegarder vos paroissiens des balles prussiennes. Est-ce bien vrai, M. le curé? Là répondez-moi la main sur la conscience.

— Un prêtre ne ment jamais.

— Répondez alors.

— Je n'hésiterais pas un seul instant.

— Bien vrai, M. le curé? Vous consentiriez à mourir sur l'heure, pour sauver les habitants de Wernel?

— Vous en doutez donc encore, colonel?

— Que voulez-vous, M. le curé! ce sacrifice me semblerait d'un héroïsme...

— Dont vous êtes vous-même capable, colonel.

— Moi, M. le curé? Jamais.

— Réfléchissez un instant, colonel, et vous serez convaincu du contraire.

— Je ne suis pas un Régulus, M. le curé.

— Vous êtes mieux que cela, colonel.

— Vraiment? fit le colonel. Si je vous en croyais, M. l'abbé, je serais un héros ignoré.

— Non pas, non pas, mais un héros dont l'histoire redira la valeur, qui a fait l'admiration de tous à Reichshoffen.

— Qu'est-ce que Reichshoffen peut avoir à faire ici?

— Ecoutez.

Vous semble-t-il étonnant qu'on donne sa vie pour sa patrie?

— Non certes; on combat pour la gloire.

— Et le chrétien pour son salut.

Le ciel n'est-il pas notre patrie commune? Ne doit-il pas être le but suprême de nos efforts? Qu'y a-t-il alors d'étonnant à ce que le pasteur donne sa vie pour son troupeau?

N'ayant pas de famille, nous reportons toute notre affection sur nos paroissiens...

— Encore le dévouement qui émane du célibat! fit le colonel avec un doute mêlé de persiflage.

— Evidemment! repartit l'abbé Deguy. Et, si ce que j'ai déjà eu l'avantage de vous dire du respect de l'antiquité pour le célibat des ministres des autels païens, de la prédilection de Notre-Seigneur et des apôtres pour la virginité, des bienfaits de la morale chrétienne au milieu de la turpitude romaine, si ces faits historiques et ces enseignements ne vous suffisent pas, eh! bien, jugez du parallèle que je vais établir, l'histoire et les écrits des prétendus réformateurs eux-mêmes à la main, entre les actes énergiques et bienfaisants des papes et des évêques en face des rois prévaricateurs et les lâches complaisances des prétendus réformateurs pour les princes qui soutenaient leur doctrine et qui n'avaient arboré le drapeau du protestantisme que pour protester contre toute règle morale!

— J'écoute, fit le colonel d'un ton de mauvaise humeur qu'il s'efforçait en vain de dissimuler, mais pas de phrases, s'il vous plaît, M. l'abbé; des faits, des faits, et encore des faits.

— Je commence donc, fit M. le curé de Wernel.

VI

VOLTAIRE, LES PROTESTANTS ET LES LIBRES-PENSEURS APOLOGISTES DE LA PAPAUTÉ

— La comparaison ne devrait commencer qu'à partir du xvie siècle, parce que c'est seulement alors que le protestantisme a surgi par l'orgueil de Luther. Mais comme les protestants, les philosophes et les rationalistes n'ont pas plus épargné les premiers siècles du catholicisme que les derniers, nous devons examiner l'état moral de l'Eglise au milieu des invasions barbares et des troubles pendant lesquels la force brutale des guerriers voulait imposer comme princes de l'Eglise, ses chefs avec leurs mœurs grossières et souvent dépravées ; sous l'empire de Constantinople, où les intrigues, le faste et l'orgueil de la pourpre créaient autant de difficultés que les ennemis les plus acharnés ; à la naissance du protestantisme dont les idées et les principes relâchés sur la morale amenèrent le mariage et ainsi la dégradation du clergé, contre l'avilissement duquel l'Eglise luttait depuis tant de siècles; enfin sous le régime de la *commende* par laquelle les rois soi-disant chrétiens se conduisaient en ennemis de l'Eglise, et donnaient, pour administrateurs des évêchés et des abbayes, des hommes qui ne pensaient à leurs titres que pour en retirer de gros revenus. Nous sonderons, si vous le voulez bien, monsieur le colonel, ces diverses plaies, et nous verrons quelles furent les luttes de l'Eglise contre tant d'ennemis déclarés, tant de trahisons et tant de faiblesses.

— Voilà, certes, un beau programme, fit le colonel avec un malin sourire; mais je doute fort que MM. les Prussiens vous laissent, monsieur le curé, le temps de développer votre proposition à travers les faits historiques de quatorze siècles.

— Je serai bref, monsieur le colonel, et pour aborder immédiatement le moyen âge, qui est l'époque contre laquelle se sont surtout dirigées les attaques des ennemis de la papauté, je me contenterai, pour vous démontrer l'action du catholicisme pendant l'invasion des barbares, de vous faire la citation d'un auteur protestant.

— Lequel donc, monsieur le curé? fit le colonel, qui semblait prendre beaucoup d'intérêt à cette conversation historico-théologique.

— M. Guizot dit dans son *Histoire de la civilisation en Europe*, leçon II, page 49 :

« Il est clair qu'il fallait une société fortement organisée, fortement gouvernée, pour lutter contre un pareil désastre, pour sortir victorieuse d'un tel ouragan. Je ne crois pas trop dire en affirmant qu'à la fin du quatrième et au commencement du cinquième siècle, c'est l'Eglise chrétienne qui a sauvé le christianisme; c'est l'Eglise, avec ses institutions, ses magistrats, son pouvoir, qui s'est défendue vigoureusement contre la dissolution intérieure de l'empire, contre la barbarie; qui a conquis les barbares, qui est devenue le lien, le moyen, le principe de civilisation entre le monde romain et le monde barbare..... Ce fut un immense avantage que la présence d'une *influence morale*, d'une *force morale* qui reposait uniquement sur la conviction, les croyances et les sentiments moraux, au milieu de ce déluge de force matérielle qui vint fondre à cette époque sur la société. Si l'Eglise chrétienne n'avait pas existé, le monde entier aurait été livré à la pure force matérielle. »

Est-ce clair, monsieur le colonel ? demanda le savant abbé en se tournant vers son interlocuteur, fort étonné de cette appréciation d'un écrivain protestant.

— Vous ne pouviez, monsieur l'abbé, faire une

citation plus péremptoire; mais je doute fort que vous trouviez des défenseurs du moyen âge en dehors des écrivains catholiques.

— Permettez-moi de vous dire, monsieur le colonel, que vous faites erreur.

— Vraiment! monsieur le curé. Je suis dans ce cas bien impatient de vous entendre.

— Désirez-vous connaître l'appréciation de M. Aimé Martin et de Voltaire sur le moyen âge?

— Certainement, s'il n'était pas vraiment trop étrange d'entendre sortir de votre bouche des attaques violentes contre la religion catholique.

— Dites donc, monsieur le colonel, l'apologie du progrès moral par le catholicisme.

— Pardon! monsieur le curé, j'ai sans doute mal entendu; mais il me semblait que vous vous proposiez de faire des citations de Voltaire et d'Aimé Martin.

— Vous avez fort bien entendu, et pour vous en convaincre, je vous dirai avec Aimé Martin:

« Quel génie sublime ayant conçu le projet de sauver l'honneur de l'humanité, étend, dans cet enfer du moyen âge, comme un empire céleste, hors de la portée des tyrans, sous la garde des croyances et des consciences! Qui lui inspira cette combinaison profonde, ces lois viriles qui, de chaque monastère, de chaque église, de chaque évêché, faisaient une république indépendante, et de toutes ces républiques une vaste famille répandue sur l'immensité du globe! Puissance plébéienne, courbant les têtes nobles et royales, puissance royale et divine, choisie dans les rangs du peuple, à la face du monde féodal ; puissance intelligente, élevée en haine des puissances matérielles, des puissances armées, et destinée à les soumettre. Peuple-roi de tous les autres peuples, se formant par la science, se gouvernant par l'élection, s'isolant par le célibat; toujours jeune, toujours fort, offrant le premier et peut-être l'unique exemple d'une monarchie absolue, fondée sur des institutions républicaines. »

Le colonel était tellement préoccupé et étonné de cette citation qu'il ne s'aperçut ni de l'arrivée du lieutenant Lallier ni de la sortie du capitaine Emporte-Pièce, dont le visage devint soucieux à la communication qui lui fut faite.

— Décidément, fit le colonel avec un secret dépit, après quelques instants de réflexion, Aimé Martin m'étonne.

— Voulez-vous, monsieur le colonel, connaître l'appréciation de Voltaire?

— Oh! quant à celui-là, je suis certain que:....

— Il ne faut juger de rien, colonel.

— Comment! vous voulez faire aussi de Voltaire un apologiste de la papauté?

— Je ne fais que citer les écrits des auteurs.

Vous devez admettre que M. Guizot a dit que l'Eglise sauva l'Europe lors de l'invasion des barbares au IV° et au V° siècle; que, d'après M. Aimé Martin, elle était bien constituée et renfermait les principes d'une force civilisatrice.

— Mais il s'agit de Voltaire, M. le curé.

— J'y arrive, colonel. On lit dans ses ouvrages que l'Europe au moyen âge avait besoin d'un guide, que l'Eglise ne lui fit pas défaut et fut à la hauteur de sa mission...

— Pardon, M. le curé; mais le plus petit bout de texte produit plus d'effet sur moi que les plus belles périodes.

— Ecoutez donc ce que dit Voltaire, dans l'essai sur *l'Histoire générale*, tome 1, chap. xxx.

« Il résulte, dit-il, de toute l'histoire de ces temps-là que la société avait *peu de règles certaines*, chez les nations occidentales ; que les Etats avaient *peu de lois*, et que l'Eglise voulait leur en donner. »

— Décidément, fit le colonel ahuri, il est étrange que Guizot le protestant, Aimé Martin l'historien si peu favorable à l'Eglise, et Voltaire lui-même, se soient unis pour défendre les actes des papes au moyen âge que j'ai entendu tant critiquer.

Vraiment, M. le curé, à quoi attribuez-vous cette trilogie étrange d'apologistes de la religion chrétienne ?

— A l'étude de l'histoire.

— Mais d'autres écrivains ont critiqué les actes des papes au moyen âge.

— C'est qu'ils n'ont étudié que superficiellement l'histoire pour ne pas dire plus.

— Dites, dites, M. le l'abbé.

— Il n'est pire sourd que celui qui ne veut pas entendre, colonel, et il y a des écrivains, vous ne l'ignorez pas, qui se donnent pour mission de dénaturer les faits historiques.

— Je ne serais pas fâché de juger par moi-même des actes des papes au moyen âge.

VII.

GRÉGOIRE VII ET LES REPTILES.

— Il est surtout, ajouta le colonel, un pape qui a soulevé une tempête de récriminations, dont le souvenir s'est perpétué d'âge en âge jusqu'à nos jours.

C'est... mais le nom m'échappe.

— A quelle époque vivait ce pape?

— Au moyen âge... Ah! j'y suis. C'est Grégoire... V, mais non VI.

— Pardon colonel. Le pape dont vous voulez parler est sans doute Grégoire VII, qui sut créer l'ordre au milieu du désordre, faire fleurir la vertu et stigmatiser le vice. De même qu'un habile agriculteur, dont le champ est rempli de ronces et de serpents qui s'y cachent en distillant leur venin, s'expose à la colère et aux piqûres des reptiles qu'il chasse de leurs repaires, dont il transforme les épines en épis de blé, ainsi Grégoire VII, ayant remarqué avec douleur que le champ du Seigneur était infesté par des rois contempteurs de la morale, par des guerriers que la volonté des princes vainqueurs avait, dans des temps de troubles, transformés en ministres des autels, rappela les rois aux règles de la morale et de la justice et combattit avec vigueur la simonie, qui était la cause première des maux dont l'Église et les peuples souffraient.

Vous comprenez aisément colonel, qu'on ne réprime pas le vice sans qu'il pousse de hauts cris.

— Oui, mais on a reproché à Grégoire VII d'avoir agi avec trop de rigueur.

— Que feriez-vous, colonel, si votre régiment s'en allait à la débandade et faisait fi des lois de la discipline.

— Ah! mordine, s'écria le colonel, je mettrais les officiers aux arrêts et les soldats au cachot.

— Fort bien, colonel. Comme les rois et même des prêtres violaient les lois de la morale et la discipline ecclésiastique, que devait faire Grégoire VII ?

— Les rappeler d'abord à l'ordre.

— C'est ce qu'il fit ; mais comme ce rappel à l'ordre ne fut pas écouté, le pape parla au nom de Dieu dont il était le représentant sur la terre.

Que de fois on a parlé des foudres du Vatican et représenté les excommunications du moyen âge sous les couleurs les plus sombres ! On a oublié ou feint d'oublier que chaque époque, que chaque siècle a son caractère propre, qu'il surgit des dangers particuliers qui exigent des remèdes spéciaux, et qu'il est absurde de juger le moyen âge d'après les idées et les lois qui règlent le monde religieux et politique de notre époque.

Aux grands maux, on doit apporter de grands remèdes. Et certes, au moyen âge, les plaies étaient nombreuses et invétérées. Aucune époque ne renferma autant d'éléments destructeurs, qui devaient jeter le découragement dans les esprits et introduire le désordre dans l'Eglise.

— Ainsi, d'après vous, M. l'abbé, Grégoire VII eut mille fois raison d'agir avec vigueur ?

— Certes, colonel; si vous le permettez, j'étaierai mon jugement de celui de Guizot.

— Vous dites... de Guizot ?

— Oui, colonel.

— Guizot a approuvé les agissements de Grégoire VII ?

— Ecoutez ce qu'il dit dans son *Histoire générale de la civilisation en Europe*, 6ᵉ leçon.

« Nous sommes accoutumés à nous représenter Grégoire VII comme un homme qui a voulu rendre toutes choses immobiles, comme un adversaire du développement intellectuel, du progrès social, comme un homme qui prétendait retenir le monde dans un système stationnaire ou rétrograde. Rien n'est moins vrai, Messieurs : Grégoire VII était un réformateur par la voie du despotisme, comme Charlemagne et Pierre le Grand. Il a été à peu près, dans l'ordre ecclésiastique, ce que Charlemagne en France, et Pierre le Grand en Russie, ont été dans l'ordre civil. Il a voulu réformer l'Eglise, et par l'Eglise la société civile, y introduire plus de moralité, plus de justice, plus de règle.

— Je comprends cela, M. l'abbé ; mais il est un point important qui échappe à mon appréciation, c'est le désordre qui s'était introduit dans le clergé du moyen âge. Quelle en était la cause ? Que les rois et la noblesse aient failli, passe encore, mais les prêtres...

— Je crois vous avoir déjà dit, colonel, que les ministres des autels prévaricateurs étaient des loups ravisseurs, que les rois, dans leur intérêt, et par un abus de pouvoir, avaient revêtu de la peau de l'agneau.

Ecoutez-moi bien, colonel, et pour que rien n'échappe à votre appréciation, c'est l'histoire à la main que je vous parlerai.

Les barbares du Nord, ayant bouleversé les royaumes par leurs invasions souvent répétées, avaient forcé les peuples à prendre les armes. La terreur dominait les esprits. Les petits et les faibles, aveuglés par la crainte et l'effroi, se jetèrent entre les mains des grands et des puissants. Les rois, les princes, les seigneurs, profitèrent de leur terreur, et la force brutale tint lieu de justice. La volonté des princes faisait loi, et, pour le malheur des peuples, leur volonté était souvent perverse. Bientôt ils voulurent dominer l'Église, comme ils asservissaient leurs sujets ; leur orgueil n'eut plus de bornes ; tout devait trembler devant leur puissance.

Les rois, pour récompenser les seigneurs qui les avaient suivis, leur donnèrent des fiefs et des revenus qui appartenaient à l'Église. Mais comme ces fiefs ne pouvaient être possédés que par des abbés ou des prélats, on répandit souvent l'huile sainte du sacerdoce sur la tête de généraux orgueilleux, et les mains qui avaient répandu le sang offrirent la victime de paix au Dieu de mansuétude. Quelle devait être la conduite de ces guerriers habitués à la vie des camps, transformés subitement en prélats !

Les papes comprirent l'abus de ces nominations et voulurent les empêcher. Comme Jésus-Christ, ils rendaient à César ce qui appartient à César, mais ils voulaient aussi qu'on rendît à Dieu ce qui appartient à Dieu. Ils admettaient que les rois désignassent à l'attention du souverain pontife les hommes éminents qui se recommandaient par leurs mérites, leur science et leurs vertus ; mais ils leur refusaient le droit de nommer d'abord les titulaires des évêchés et des abbayes et de forcer ensuite l'Eglise à accepter pour pasteurs des hommes qui ne savaient pas se conduire eux-mêmes....

Le savant abbé Deguy fut interrompu dans son exposé historique par l'entrée bruyante du capitaine Emporte-Pièce, qui, saisissant sa longue vue, sortit aussi précipitamment qu'il était entré.

— Que se passe-t-il donc, capitaine? s'écria le colonel, sur les traits duquel l'inquiétude se peignit aussitôt.

Mais il s'éloigne sans nous renseigner en rien, continua le colonel, sur le danger qui nous menace.

Soyez assez bon, monsieur le curé, pour m'accorder l'appui de votre bras qui me permettra de parvenir jusqu'à la fenêtre.

Armé de la longue vue, je... Mais il l'a emportée, et mes yeux sont trop affaiblis pour bien distinguer les objets éloignés.

— Je regrette, monsieur le colonel, de ne pouvoir vous prêter le secours de mes yeux.....

— Qui sont bien fatigués, sans nul doute, par huit jours et huit nuits de longues et pénibles recherches. Vraiment, monsieur le curé, vous êtes digne d'admiration!

— Vous êtes trop indulgent, colonel, pour mes faibles travaux, et je désirerais que, portant de justes appréciations sur les actes et les souffrances de l'Eglise et de la Papauté au moyen âge, vous rendissiez justice à Grégoire VII et à ses efforts pour sauver l'Europe de la ruine morale qui la menaçait à cette époque.

Le colonel ayant jeté un dernier coup d'œil sur tout ce que son regard pouvait embrasser du haut du donjon, et ne distinguant rien qui pût l'inquiéter, répondit :

— Eh bien, soit ! parlez, monsieur le curé. L'attention que je porterai à vos appréciations historiques m'aidera à patienter jusqu'à ce que le capitaine vienne nous renseigner sur quelque nouvelle ruse de ces Prussiens maudits !

— Quel que soit le danger qui nous inquiète, il est moins grand que celui qui menaçait l'Eglise et l'Europe au moyen âge.

— En quoi consistait-il donc ? Quelle en était l'origine ?

— Voici ce que nous apprend l'histoire :

Certains rois, comme je vous l'ai déjà dit, colonel, s'appuyant sur leur puissance, portèrent la main à l'encensoir. Tantôt ils vendirent les évêchés et les abbayes au plus offrant ; tantôt ils les donnèrent en récompense de services humiliants ; tantôt même ils conférèrent les prélatures à des enfants en bas âge. Ces évêques, ces abbés, nommés sous l'inspiration de l'ennemi du salut, furent des pasteurs qui égorgèrent le troupeau de Jésus-Christ. La simonie ouvrit la porte à l'impureté qui atteignit les prêtres, et de là passa parmi le peuple. L'ange du bien se voilait la face pour ne point voir le mal qui régnait de toute part. « La dissolution, dit M. Guizot, allait toujours augmentant. Chaque évêque, chaque prélat, chaque abbé, s'isolait de plus en plus dans son diocèse ou dans son monastère. Le désordre croissait par la même cause. C'est le temps des grands abus de la simonie, de la disposition tout à fait arbitraire des bénéfices ecclésiastiques, du plus grand désordre de mœurs parmi les prêtres (1). »

C'est au milieu de cette nouvelle Ninive qui avait l'Europe entière pour étendue, que s'éleva la voix de Grégoire VII. Le devoir ne le forçait-il pas à allumer le flambeau de la vérité et de la pureté, au milieu des ténèbres et des désordres du moyen âge? Nouveau Jonas, ne devait-il pas ramener, au péril même de sa vie, les rois et les peuples dans la voie du devoir, au bercail du divin Pasteur?

Grégoire VII voulait la sainteté des prêtres, parce qu'elle est un devoir pour le sacerdoce;

---

(1) *Hist. de la civilisation en Europe*, 6e leçon.

il combattit pour leur indépendance, parce qu'elle est une garantie de leur moralité. La simonie et l'incontinence sont les suites inévitables de l'asservissement des ministres du culte et de leur nomination par les princes séculiers. « Si l'Église disait-il, est si douloureusement agitée, c'est qu'elle n'est pas libre; la plus misérable des femmes peut, suivant les lois de son pays, choisir son époux, et l'épouse de Dieu, traitée comme une vile esclave, ne peut se réunir à son fiancé. Il faut donc que l'Eglise redevienne libre par son chef, par le prince de la chrétienté, par le soleil de la foi, par le pape... C'est à peine, disait-il ailleurs, si j'aperçois quelques prêtres qui soient parvenus à l'épiscopat, par les voies canoniques, qui vivent comme il convient, qui gouvernent leurs troupeaux dans un esprit de charité (1). »

— J'approuve ce raisonnement, dit le colonel, et tout homme de bonne foi l'approuvera avec moi.

— Maintenant que nous connaissons les causes des désordres du moyen âge, et que nous savons d'où devait venir le remède, le sel qui arrête la corruption et purifie les mœurs, nous verrons comment les papes résistèrent à l'entraînement général, comment surtout ils arrêtèrent le mal dans sa source empoisonnée, en combattant l'in-

---

(1) *Lettres de Grégoire VII*, apud Harduin.

tervention injustifiable des princes, qui s'imposaient, dans les nominations des évêques et des abbés, à titre d'autorité et non comme conseil. Nous examinerons ce que firent les papes pour guérir les plaies de l'Eglise ; car il ne suffit pas, lorsqu'un torrent a débordé, et lorsqu'il a envahi les rivages et dévasté les campagnes environnantes, de rétablir les digues rompues, il faut encore faire évacuer les eaux croupissantes dont l'infection pourrait engendrer des maux plus grands encore.....

Une décharge d'artillerie, suivie d'une vive fusillade et de coups répétés de canon, détourna l'attention du colonel, dont le regard s'efforça, mais en vain, de distinguer au loin le mystère de l'attaque.

— Aux armes ! s'écria-t-il, aux armes !

VIII

LE BOMBARDEMENT.

Orgueilleux de leur victoire de Reichshoffen, les Prussiens avaient cru pouvoir s'avancer en toute sécurité dans les défilés des Vosges, lorsqu'ils s'étaient vus arrêtés en face du donjon de Wernel.

— Cette bicoque, s'étaient dit les ennemis de la France, résistera à peine quelques heures à nos armes.

C'est qu'ils croyaient pouvoir établir leurs batteries presque au pied des murs de ce château du moyen âge et en faire bientôt un monceau de ruines.

Mais des ouvrages avancés, hérissés de baïonnettes, n'avaient pas tardé à modérer leur impétuosité, en leur infligeant des pertes considérables.

Nous avons vu qu'irrités de cette résistance, ils s'étaient jetés, tête baissée, sur les retranchements, qu'ils ne purent enlever grâce au courage du capitaine Emporte-Pièce et à la prévoyance du colonel Lamborel, ce héros vaincu dans un combat de géant, qu'une blessure retenait sur un siège de douleur, mais qui du haut du donjon suivait tous les mouvements de l'attaqne et de la défense.

Vaincus, les Prussiens s'étaient retirés avec colère, se promettant bien de se venger de leur insuccès en passant au fil de l'épée tous les défenseurs du château.

A défaut de courage, les Prussiens emploient la ruse : l'assaut n'est pas le fait des Allemands.

Dix jours s'étaient déjà écoulés depuis que la division prussienne, forte de 8,000 hommes, était arrêtée dans sa marche victorieuse par une poignée de braves, dont la prudence et l'activité du capitaine Emporte-Pièce doublaient le nombre et le courage, lorsque soudain une avalanche de boulets ébranla le vieux donjon, qui, après avoir défié la furie des tempêtes, se trouvait sur le point de devenir la proie de la fureur des hommes.

Un long cri d'épouvante fit gémir cette vaste demeure. Les enfants se réfugiaient dans le sein de leurs mères, qui avaient demandé aux murs du donjon un abri contre l'ennemi envahisseur.

Bientôt le capitaine Emporte-Pièce, dans la prévision d'un assaut, fut au milieu de ses soldats qui défendaient les postes avancés. Mais ce fut en vain qu'à l'aide de sa longue-vue il fouilla tous les environs : les Prussiens étaient invisibles.

Voici ce qui s'était passé. Par des tranchées qu'il avait habilement dissimulées, l'ennemi était parvenu à un petit monticule surmonté de grands arbres. Là, à l'abri d'une luxuriante verdure, il avait dressé plusieurs batteries, dont le capitaine Emporte-Pièce ne put soupçonner l'existence et qui ne se révélèrent qu'en lançant sur le château leurs boulets destructeurs.

— Que faire? se demandait le brave capitaine.

Pendant quelques minutes, il fut hésitant. C'est qu'il s'efforçait de distinguer si les Prussiens lançaient sur le donjon des bombes incendiaires qui l'eussent forcé à la retraite pour combattre le feu qu'elles auraient infailliblement allumé. Mais il ne tarda pas à espérer que les ennemis, ne comptant nullement, dans les défilés des Vosges, sur une résistance qui nécessiterait un siège en règle, ne s'étaient pas fait suivre de ces sinistres obus, qui leur ont si souvent tenu lieu de courage.

Tandis que le capitaine veillait à la défense des retranchements, l'abbé Deguy s'empressait auprès de ses paroissiens, calmant la terreur des femmes et des enfants, veillant à leur sécurité en les rassemblant dans les salles du château qui lui semblaient le moins exposées à l'action des boulets, levant ses yeux au ciel et offrant sa vie à Dieu pour son troupeau.

— Seigneur, soupirait-il, prenez ma vie, mais épargnez mes ouailles.

Pendant cinq heures le bon abbé Deguy parcourut le château, allant de salle en salle, au risque d'être atteint, dans ses courses, par les boulets qui tombaient partout, détruisaient les toits et ébréchaient les murailles.

Enfin les coups de canon se ralentirent et cessèrent : la nuit était venue. Les Prussiens se trouvaient impuissants à diriger efficacement leur tir.

Quand le capitaine Emporte-Pièce eut établi des postes sur tous les points menacés, donné des ordres sévères et remis le commandement au lieutenant Lallier, qui était aussi prudent que brave, il rentra au château pour se concerter avec son ami le colonel Lamborel sur les moyens de défense.

— Pauvre colonel ! se disait-il, combien il doit regretter la blessure que ces maudits Prussiens lui ont faite à Reichshoffen et qui l'a empêché aujourd'hui encore de prendre une part active à la défense ! Mais peut-être, du haut du donjon, a-t-il découvert quelque indice favorable à la résistance ?

Cependant le capitaine ne se faisait pas illusion sur l'issue de la lutte. Deux jours de bombardement réduiraient à néant tout élément de résistance.

— Que deviendront alors les braves défenseurs du donjon? se demandait le capitaine. Seront-ils traités en soldats et considérés comme prisonniers de guerre? Les ennemis les fusilleront-ils comme francs-tireurs? Les femmes, les enfants ne deviendront-ils pas la proie d'une soldatesque effrénée?

Telles étaient les réflexions qu'il faisait en entrant dans la salle où l'abbé Deguy, passant de son œuvre de charité envers ses paroissiens qu'il avait rassurés et consolés, s'efforçait de dissiper, d'arracher de l'esprit du colonel les appréhensions, les erreurs qu'un trop long séjour parmi les protestants lui avait fait concevoir contre l'action bienfaisante et moralisatrice du célibat du clergé.

IX

LA MORALE DES PAPES ET DES PRÉTENDUS RÉFORMATEURS.

— Oui colonel, disait l'abbé Deguy avec feu, il y eut deux réformes dont les sources et les effets furent tout différents. Grégoire VII et ses successeurs dévoilèrent les maux de l'Eglise pour les guérir, semblables au médecin qui sonde une plaie pour en connaître toute la profondeur et extirper le mal jusque dans ses racines les plus cachées. Luther, Calvin, Henri VIII, etc., au contraire, ne parlent des maux de l'Eglise que pour en produire de plus grands encore; ils ne découvrent la plaie que pour en laisser échapper plus aisément les miasmes qui gagnent de proche en proche, par le contact de l'air qu'on respire, et qui engendrent des maladies épidémiques et mortelles.

Aussi la corruption, engendrée par les doctrines de la prétendue réforme, devint-elle bientôt si patente, que Luther lui-même en fut effrayé.

— Prouvez votre proposition, monsieur le curé, prouvez; vous savez que je n'aime guère les assertions qui ne sont pas appuyées de belles et bonnes preuves.

— Ce sera fort aisé, colonel, car Luther a fait les aveux suivants :

« Le monde, a-t-il dit, est vraiment bien
« ébranlé sur sa base, *depuis que la parole évan-*
« *gélique lui a été révélée;* il craque de toutes
« parts, et ne peut tarder à tomber entièrement en
« ruines (1).

« Tel était le monde avant le déluge, tel il fut
« avant la ruine de Sodome, avant la captivité de
« Babylone, avant la destruction de Jérusalem,
« avant le sac de Rome, avant les malheurs de la
« Grèce et de la Hongrie; tel il sera, tel il est
« déjà avant la ruine entière de l'Allemagne (2). »

Et, dans un accent de mélancolie et d'horreur pour son œuvre, il ajoutait :

« Puisse le jour de la colère divine et de notre
« délivrance ne pas tarder, et bientôt venir mettre
« fin à tout cet infernal tripotage !.... (3). »

---

(1) *Tischreden* Walch, XXII, 308.
(2) *Epp. ed. Ranner*, p. 325.
(3) L. c. V. 559.

Les deux interlocuteurs étaient tellement absorbés daus leur discussion qu'ils ne furent pas distraits par l'arrivée du capitaine, que le colonel attendait cependant avec impatience pour être renseigné sur les dispositions de l'ennemi. Le capitaine s'assit à l'écart et continua à réfléchir, tandis que le colonel disait au curé de Wernel :

— Je n'ai rien à objecter à de telles citations, mais il me tarde de connaître pourquoi et comment le protestantisme, qui devait reformer le monde moral, l'a plongé dans la corruption.

— L'histoire va nous l'apprendre. Notre-Seigneur Jésus-Christ avait réhabilité l'humanité en l'élevant en quelque sorte par le célibat à la dignité des anges; la prétendue réforme la fit descendre rapidement les trois degrés qui la séparent de la brute, en autorisant le mariage des prêtres, le divorce et la polygamie.

Par la violation du vœu de chasteté Luther avilit le prêtre, par le divorce il abandonna l'homme aux troubles et aux discordes qu'il traîne à sa suite; par la polygamie il le livra à tous les vices et l'enchaîna à la dégradation.

Qu'on suive la ligne logique de l'esprit qui animait Luther, et, de concession en concession, on arrivera a la concession universelle publiée par tant de révélateurs contemporains, et qui est la conséquence pratique du panthéisme. Les réformateurs du seizième siècle prétendirent que le mariage était le seul remède contre le débordement des prêtres ; aujourd'hui, les panthéistes écrivent : La fidélité conjugale est impossible ; voulez-vous empêcher l'adultère, abolissez le mariage et instituez la promiscuité ; voulez-vous qu'il n'y ait plus de mal, niez et détruisez le bien.

— Vous affirmez, monsieur l'abbé, que Luther a autorisé le divorce et la polygamie ?

— Oui, et un grand nombre de prétendus réformateurs avec lui.

— Mais ce serait affreux. Je ne puis y croire. Comment aurait-il permis que son œuvre se ternît par l'immoralité de ses adeptes ?

— L'homme qui ne s'était pas respecté lui-même pouvait-il veiller au respect des autres !

— Vous êtes sévère, monsieur le curé.

— Je le suis moins peut-être que ses adeptes.

— Comment donc ? Je ne comprends plus.

— Les partisans de Luther furent surpris de son mariage. Mélanchton, son disciple le plus fidèle et le plus soumis, écrivit à ce sujet une lettre à Camérarius, son ami intime ; il lui dit que « Luther, lorsqu'on y pensait le moins, avait épousé la Borée (c'était la religieuse qu'il aimait) sans en dire mot à ses amis ; mais qu'un soir, ayant prié à souper Poméranus (c'était le pasteur), un peintre et un avocat, il fit les cérémonies accoutumées ; qu'on serait étonné de voir que dans un temps si malheureux, où tous les gens de bien avaient tant à souffrir, il n'eût pas eu le courage de compatir à leurs maux, et qu'il parût, au contraire, se peu soucier des malheurs qui les menaçaient ; laissant même affaiblir sa réputation, dans le temps que l'Allemagne avait le plus besoin de son autorité et de sa prudence. »

Ainsi, Luther qui dans le cloître avait pu vaincre l'effervescence de la jeunesse, fut asservi par l'impureté à l'âge de quarante ans, lorsqu'il s'éloigna de la grâce et qu'il en fut abandonné.

— Mais après tout, monsieur le curé, le mariage des prêtres, comme je vous l'ai déjà dit, n'est peut-être pas un mal.

— Je vous démontrerai le contraire tout à l'heure. Mais écoutez encore Mélanchton, cet ami intime de Luther : il nous apprendra que le chef de la prétendue réforme n'a pas même attendu la cérémonie du mariage pour s'abandonner à l'intempérance de ses passions.

Mélanchton explique en ces termes à Camérarius les causes de ce mariage : « Il sait assez, dit-il, que Luther n'est pas ennemi de l'humanité, et il croit qu'il a été engagé à ce mariage par une nécessité naturelle (1). »

— C'est étrange ! fit le colonel quelque peu désappointé.

— Voulez-vous connaître, colonel, ajouta l'abbé Deguy, l'appréciation de Calvin sur la conduite morale de Luther ?

— Le blâme-t-il aussi ?

— Comment pourrait-il le louer !

Voici ce qu'il dit :

« Véritablement, dit Calvin, Luther est fort « vicieux. Plût à Dieu qu'il eût soin de réformer « davantage l'intempérance qui bouillonne en « lui de tout côté ? Plût à Dieu qu'il eût songé « davantage à reconnaître ses vices (2). »

Luther décapita la morale chrétienne en ouvrant les cloîtres et en arrachant le voile qui couvrait les vierges consacrées au Seigneur. Ses disciples : moines apostats, prêtres corrompus, laïques pervers, assouvissaient leurs passions et prétendaient réformer le monde en donnant l'exemple de tous les vices. Les païens eux-mêmes, malgré leur dégradation, admiraient et respectaient la virginité. S'ils n'avaient pas le courage de la pratiquer, ils l'honoraient du moins et n'imitaient pas la lubricité du ridicule mari de

(1) Sléid. Lib. IV, p. XXIV ; 11 jul. 1525.
(2) Schlussemberg, *Théol.* Calvin, lib. 2, fol. 126.

Catherine Bora, qui choisit la complice de ses turpitudes au milieu des vestales chrétiennes. Le monde, dégradé par le protestantisme, vit ce scandale sans frémir, tandis que les païens enterraient vives les vestales infidèles.

— Je ne puis contester ce fait historique.

— C'est ainsi qu'aux prêtres que l'Église avait élevés à la pureté des anges en leur ordonnant la continence, Luther permit de satisfaire leurs désirs sensuels; il les livra aux soins vulgaires du ménage; il les soumit au ridicule de voir une femme marcher à leurs côtés et de monter, un instant après, les degrés de l'autel.

Le protestantisme fit descendre la morale du ciel, où Jésus-Christ l'avait placée, pour la faire ramper à terre.

Voulez-vous, colonel, connaître le sentiment du savant Erasme sur la prétendue réforme?

— Oui certes, monsieur l'abbé, et son appréciation sera d'un grand poids à mes yeux.

— Ecoutez donc :

« La Réformation, dit-il, semble n'avoir eu d'autre but que de transformer en épouseurs et en épouseuses les moines et les nonnes ; et cette grande tragédie va finir comme les comédies où tout le monde se marie au dernier acte. C'est ainsi qu'ils se crucifient (1). »

(1) Epistol. 6 et 41.

— Je vous avoue, monsieur l'abbé, que l'origine du mariage des ministres protestants laisse à désirer, mais je me demande pour la centième fois si le mariage des prêtres a été nuisible ou utile à la société.

— Etes-vous partisan du divorce, colonel?

— Non certes, car le divorce engendre le dégoût par l'appât du changement et favorise l'adultère par l'espoir de la légitimation.

— Eh bien! flétrissez Luther, car il a indiqué lui-même le moyen que le mari doit employer pour répudier sa femme.

Dans un discours qu'il prononça à Vittenberg, il parla en ces termes, à propos des hommes qui avaient à se plaindre de leurs femmes et qui voulaient s'en séparer:

« Il faut auparavant que le mari amène sa femme devant l'Eglise et qu'il l'admoneste deux ou trois fois; après, répudiez-la et prenez Esther au lieu de Vasthi. »

— Cela m'étonne de la part de Luther.

— Votre étonnement cessera, colonel, quand vous réfléchirez qu'en se mariant Luther avait violé son vœu de virginité. Comment regarderait-on comme indissoluble un engagement pris envers une femme lorsqu'on viole une promesse faite à Dieu? Le prêtre chaste a seul le droit de commander la chasteté dans le mariage, qui est un célibat relativement à toute autre femme que la femme légitime.

On a beaucoup parlé, beaucoup écrit, colonel, en faveur du divorce. Cette thèse est d'autant plus dangereuse qu'elle tire sa force de la faiblesse de notre cœur, qui pactise avec l'ennemi qu'il introduit dans la place. Il est affreux, dit-on, de forcer deux personnes qui se détestent à vivre continuellement ensemble. Je répondrai d'abord que deux personnes unies par le lien du mariage peuvent, d'un commun accord, se séparer, mais qu'il leur est interdit cependant de rompre leurs promesses mutuelles et de convoler à d'autres noces. Le mariage est une barrière infranchissable que la mort d'un des conjoints peut seule rompre.

— Cette fermeté de l'Eglise est-elle utile, avantageuse, indispensable? Ou bien est-elle trop sévère par ses engagements indissolubles?

— Il est certain que la passion qui se trouve dans l'impossibilité d'être assouvie, fait d'abord des efforts extrêmes qui l'épuisent bientôt, par leur excès même; elle s'affaiblit ensuite peu à peu, et s'éteint comme le feu, faute d'aliment, tandis que la satisfaction d'une passion est comme l'huile qu'on jette sur le feu et qui projette aussitôt de vives flammes et allume un vaste incendie.

En effet, si la passion domine un homme, lui fait rejeter son épouse, et l'engage dans de nouveaux liens, bientôt cette ardeur s'éteindra et une autre passion le jettera aux pieds d'une autre beauté dont son cœur sera épris. L'Eglise a donc agi sagement en fixant les désirs incertains de l'homme en déclarant le mariage indissoluble.

X

LES LUTHÉRIENS POLYGAMES

— Je partage entièrement votre avis et je ne puis que blâmer Luther de sa condescendance fatale pour les passions contre lesquelles il aurait dû réagir. Mais je me demande si les papes, les évêques, les prêtres vierges ont montré plus de fermeté en face du vice et surtout du vice couronné.

— Certes, colonel. Il suffira, pour vous convaincre de l'heureuse influence que les pontifes ont exercée sur les mœurs des rois, d'examiner avec impartialité, l'histoire à la main, leurs démêlés avec Robert et Philippe rois de France, Lothaire II et Henri IV empereurs d'Allemagne, dont l'inconduite fut le scandale des peuples et appela les conseils, les réprimandes et enfin la répression de Rome.

Mais, auparavant, je crois utile de vous rappeler certain acte de Luther qui, après avoir autorisé le divorce, fut amené à permettre la polygamie.

Le landgrave de Hesse, partisan des doctrines

nouvelles, ayant écrit à Luther qu'il vivait dans l'adultère, qu'il ne pouvait ni ne voulait pas changer de vie, et qu'il désirait que Luther lui permît d'avoir *deux femmes à la fois*, le consistoire évangélique, présidé par le chef de la réforme, accéda à la demande du landgrave et se couvrit du ridicule le plus achevé. « On permet, dit Bossuet, au landgrave, selon l'Evangile (Consult. de Luther, n° 21 et 22), car tout se fait sous ce nom dans la réforme, d'épouser une autre femme que la sienne. Il est vrai qu'on déplore l'état où il est de ne pouvoir s'abstenir de ses adultères tant qu'il n'aura qu'une femme (Consult. de Luther, n° 20) et on lui représente cet état comme très-mauvais devant Dieu et comme contraire *à la sûreté de sa conscience* (n° 21). Mais en même temps, et dans la période suivante, on le lui permet, et on lui déclare qu'il peut *épouser une seconde femme, s'il y est entièrement résolu, pourvu seulement qu'il tienne le cas secret.* Ainsi, une même bouche prononça le bien et le mal. (Jac. III, 10) ; ainsi, le crime devient permis en le cachant. Je rougis d'écrire ces choses et les docteurs qui les écrivirent en avaient honte (1). »

Que pensez-vous, colonel, du consistoire évangélique et des principes relâchés du chef de la prétendue réforme?

(1) *Histoire des variations des Eglises protestantes.*

— Passons aux actes des papes et des prêtres catholiques, dit d'un ton de mauvaise humeur le colonel qui avait trop de bonne foi pour soutenir les protestants dans leurs errements, mais qui ne voyait pas s'effondrer sans un certain dépit tout l'édifice qu'il avait élevé avec tant de soin pour combattre le progrès moral par le catholicisme.

— Commençons, si vous le voulez bien, colonel, par Lothaire II empereur d'Allemagne. Ce prince, brûlant d'un amour illégitime pour Waldrade, ne se contenta pas d'abandonner son épouse Teutberge; il la calomnia, afin de couvrir sa faute du dehors d'un spécieux prétexte. C'est ainsi que le coupable accuse l'innocent et le fait quelquefois succomber sous le poids d'infâmes calomnies. Mais la reine s'étant soumise à l'épreuve du feu, l'accusateur fut d'abord convaincu d'imposture! Que n'était pas d'ailleurs l'égarement de Lothaire. La culpabilité de son épouse n'eût pas légitimé ses relations avec Waldrade. L'adultère de l'un des conjoints n'autorise pas l'autre à s'y livrer à son tour.

Voulant à tout prix éloigner son épouse, Lothaire lui intenta un second procès. Cette fois les intrigues ou la peur amenèrent Teutberge à se reconnaître coupable, et les évêques du royaume la condamnèrent à une pénitence publique. Mais la reine, ayant pu fuir son persécuteur et se refugier en France, elle désavoua ses aveux forcés, et envoya sa justification au pape. C'est alors qu'on vit la nécessité d'un pouvoir suprême qui soutînt l'innocence opprimée. Car le pape ayant appris que les évêques de la Lorraine et les légats qu'il y avait envoyés s'étaient laissé circonvenir par le prince, il assembla un concile à Rome, déposa les archevêques et les évêques coupables, et menaça Lothaire de l'excommunication, s'il ne se séparait pas de sa maîtresse.

— Que fit Lothaire ?

— Il se soumit en apparence, et rendit à Teutberge ses droits d'épouse; mais bientôt Waldrade reprit son impudique empire, et obtint de nouveau ses scandaleuses faveurs. Certes, cette nouvelle faiblesse, cette violation des engagements pris, ce nouveau scandale public, appelaient la foudre sur la tête du roi; mais le représentant du Dieu de miséricorde frappa le coupable dans sa complice avant de l'excommunier lui-même, et lui donna ainsi son dernier et solennel avertissement. L'impénitence du prince força enfin le pape à l'excommunier comme adultère public.

Chacun connaît la fin déplorable de ce prince, qui mourut quelque temps après avoir menti au pape et outragé Dieu par une communion sacrilège.

— Le pape, colonel, fut-il assez ferme ?

— Certes.

— Fut-il trop sévère ?

— Non.

— Ne devons-nous même pas admirer la longanimité du pape, qui chercha pendant dix ans à ramener par la persuasion Lothaire à la pratique de la vertu ; qui ne le frappa qu'après que sa mauvaise foi et son impénitence furent manifestes ; qui, par sa fermeté, sauva l'Europe de l'anarchie et du désordre où l'auraient entraînée le divorce et l'inconduite de ses princes ! Quelle loi fut plus utile et plus nécessaire aux nations que la monogamie ? Quelle coutume produisit de plus déplorables effets que le divorce ? Où en serait l'Europe si les rois, suivant leurs mauvais penchants et n'étant retenus par aucune règle, eussent sans cesse répudié leurs épouses pour mettre à leur place une concubine, qu'une autre passion du monarque aurait fait descendre du trône où la passion l'avait fait monter ? Que seraient devenues la légitimité et la succession au trône ? D'un côté le droit des enfants légitimes, de l'autre le testament du père dénaturé qui eût déshérité son fils aîné pour favoriser l'enfant d'une concubine et sanctionner par là le vice aux yeux des peuples. Qu'eussent fait les nations en cette occurrence ? L'intérêt des partis aurait sans cesse bouleversé les royaumes. Qui pouvait empêcher les rois d'obéir à leurs passions, de suivre leurs caprices et arrêter dans leurs égarements ceux qui ne reconnaissaient d'autre loi que leur volonté? Une voix venue du ciel pouvait, seule, s'imposer à ces puissants du monde. Un délégué de la Divinité avait seul le droit de leur commander. Dieu, dans sa bonté, suscita pour cette mission les successeurs de son Fils : les papes écartèrent les rois, qui sont les fils aînés de l'Eglise, du danger où ils eussent péri infailliblement avec les peuples qu'ils auraient entraînés dans leur ruine...

L'abbé Deguy fut interrompu dans le développement de sa pensée par une exclamation du colonel qui venait d'apercevoir le capitaine dans un coin de la salle et dans l'attitude d'une profonde réflexion.

A cette exclamation, le capitaine releva la tête et jeta sur le colonel un regard étonné et interrogateur, comme s'il sortait d'un long rêve.

— Quoi! capitaine, dit le colonel, vous étiez là, tout à côté de nous, et vous nous avez laissé tranquillement discuter sur des faits historiques, tandis que nous sommes impatients de savoir ce que nous avons à redouter des Prussiens qui nous assiègent depuis dix jours et qui nous serrent de près en ce moment!

— Hélas! il est bien à craindre qu'avant peu le donjon de Wernel ne soit plus qu'un monceau de ruines, sur lequel planera le drapeau des envahisseurs de la France.

— Mais pourquoi êtes-vous sorti si brusquement tout à l'heure?

— C'est que le lieutenant Lallier m'avait averti qu'il craignait quelque nouvelle surprise.

— Eh bien?

— Il n'en est rien heureusement. Je crois que nous pourrons encore prendre cette nuit quelque repos, dont nous aurons bien besoin pour résister à l'attaque que les Prussiens nous réservent pour demain.

En parlant ainsi, le capitaine Emporte-Pièce serrait la main du colonel, saluait l'abbé Deguy et sortait, lorsqu'il se retourna à la voix de son ami :

— Ainsi, disait le colonel, vous pensez que nous n'avons à redouter aucune attaque pour cette nuit ?

— Je le crois; mais, avec des ennemis aussi rusés que les Prussiens, on doit s'attendre à tout. Aussi les dispositions sont prises pour que toute la garnison soit sous les armes à la moindre alerte.

— Parfait, mon ami ! bon repos !

Bientôt les pas du capitaine se perdirent dans les vastes corridors du château, et le colonel, se retournant vers l'abbé Deguy, lui dit :

— Etes-vous disposé, monsieur l'abbé, à continuer notre entretien sur les agissements des papes envers les rois ?

— Pour peu que cela vous soit agréable.

— Vous m'avez fait, je dois le reconnaître, à propos de l'inconduite de Lothaire II, une belle apologie des actes à la fois fermes et prudents du pape. Mais il me semble cependant qu'on a beaucoup critiqué le pouvoir que les rois se sont arrogé à cette époque sur les primes souverains. Comment le justifiez-vous ?

— Par ses bienfaits, et par le devoir.

— Comment ! Qu'entendez-vous par le devoir des papes ?

— Si un homme ne retenait pas son semblable qui se jette aveuglément dans un abîme, si un ami n'empêchait pas son ami de tomber dans l'erreur, si un père ne veillait pas à la garde de son enfant, l'opinion publique flétrirait du sceau d'une réprobation générale cet homme, cet ami, ce père, si dénué de tout sentiment naturel. Le pape n'est-il pas notre ami le plus dévoué, le pasteur qui veille et doit veiller sans cesse à la garde de son troupeau ?

Mandataire du Très-Haut, il est chargé de conduire les âmes dans le chemin du salut, d'écarter les embûches dressées par les ennemis de la religion, de rompre les trames ourdies dans les ténèbres, de dessiller les yeux obscurcis par les passions et de montrer à chaque homme son devoir de chrétien. Eh bien ! colonel, on reproche précisément aux papes les efforts qu'ils tentèrent pour sauvegarder les droits de l'Église, l'ardeur qu'ils montrèrent pour la pratique de la virginité, la sainte colère qui les anima à la vue du désordre des mœurs sacerdotales, les bulles par lesquelles ils ont éclairé ou puni les rois qui violaient les lois saintes du mariage pour se livrer au libertinage. Ces efforts si louables, cette ardeur si sainte, ces bulles, tout a été calomnié. L'ennemi de la vérité s'efforce de répandre partout et par mille moyens les ténèbres de l'erreur, il cherche dans l'ombre un chemin qui conduit au mal, il a recours au mensonge, et il fait entrevoir, pour fausser la vérité, les choses sous un faux jour. De là vient qu'on ne cesse de déclamer contre la papauté, qui a sauvé le monde de la barbarie.

— Fort bien ! Mais je ne serais pas fâché de voir encore un pape aux prises avec un roi ; ne m'avez-vous pas parlé tout à l'heure de Robert, roi de France?

— Précisément.

— Soyez assez bon pour me faire le récit des démêlés de ce prince avec...

— Jean XV et Grégoire V.

— J'écoute, monsieur l'abbé.

— Robert, roi de France, avait épousé, malgré la loi canonique de ce temps-là, Berthe, sa parente au quatrième degré. Un combat terrible se livrait entre le cœur et la conscience de ce prince pieux; un amour trop vif, trop tendre l'enchaînait à une affection coupable qu'il désavouait lui-même. Jean XV et après lui Grégoire V l'avertirent et l'exhortèrent à vaincre son amour illégitime. Mais comme la passion l'emportait sur la raison et la religion de Robert, le pape convoqua un concile à Rome. Dans l'un des canons, il y fut décrété que Robert quitterait Berthe ou serait anathématisé. Vaincu par les remords de sa conscience, Robert se sépara de Berthe.

Pensez-vous, colonel, qu'il y avait un autre pouvoir que celui du représentant de la Divinité qui pût amener Robert à vaincre son amour pour Berthe? Les deux papes n'allièrent-t-ils pas la douceur et la tendresse d'une mère à la fermeté d'un père? Jean XV avertit d'abord Robert; Grégoire V, son successeur, donna aussi des conseils qui ne furent pas écoutés. C'est alors que le concile fut assemblé. Mais si les décrets sont inexorables contre le vice, les Pères du concile ont pitié du coupable et ne lancent pas une excommunication immédiate, mais conditionnelle, c'est-à-dire si le roi continue à donner l'exemple du vice à son peuple...

L'abbé Deguy fut interrompu par le bruit du canon.

— Que se passe-t-il donc? s'écria le colonel.

Un boulet qui effleura la fenêtre de la salle où ils se trouvaient servit de réponse.

XI

HENRI IV ET GRÉGOIRE VII

Le colonel garda quelque temps le silence et réfléchit... Enfin il dit :

— Nous continuerons, si vous le voulez bien, notre entretien, monsieur l'abbé.

— Mais, colonel, une attaque nocturne n'est-elle pas à craindre?

— Nullement. Les coups de canon qui ne se succèdent que par longs intervalles n'ont pour but que de tenir la garnison du château en éveil et de l'empêcher de se reposer avec une entière quiétude. Je connais cette ruse des Allemands.

— Fort bien, colonel. Continuons donc.

— C'est que, voyez-vous, monsieur l'abbé, il me tarde d'être aussi renseigné sur les démêlés qui se sont élevés entre Grégoire VII et Henri IV empereur d'Allemagne. Quelle fut l'origine de leurs longs débats ?

— C'est que les empereurs d'Allemagne s'arrogeaient des droits dans l'élection des papes, tandis que Grégoire VII combattait pour la liberté de l'Église.

— Sur quoi les empereurs fondaient-ils leurs prétentions ?

— L'histoire nous apprend que, pendant l'invasion des barbares, les Ostrogoths, ces terribles dominateurs de l'Italie, s'arrogèrent le droit d'approuver l'élection des papes ; que les empereurs d'Orient, redevenus maîtres de l'Italie, voulurent conserver cette prépondérance ; que les rois francs ne prirent pas, comme leurs prédécesseurs, des allures de despotes envers leur mère la sainte Eglise et assistèrent aux élections, non pour imposer leur volonté, mais pour les couvrir de leur protection ; que les empereurs germaniques abusèrent de leur puissance, et qu'au lieu de veiller à la liberté de l'élection, ils firent peser sur elle un joug insupportable et s'efforcèrent quelquefois de trafiquer honteusement du siège pontifical.

L'indépendance de l'Eglise fut la pensée dominante de Grégoire VII, parce que, l'élection du souverain pontife étant libre, il pouvait ensuite combattre l'odieuse simonie qui corrompait l'élection des évêques, des abbés et même du clergé inférieur. Mais l'orgueil et la cupidité des princes s'opposèrent à ces réformes et s'efforcèrent de maintenir la simonie. De là les luttes entre les papes et les rois, entre le pouvoir spirituel et le pouvoir temporel, entre le bien et le mal.

Le fait suivant caractérise parfaitement Henri IV et ses relations avec le pape Grégoire VII : ce prince voulait placer sur le trône archiépiscopal de Cologne Hidolf, chanoine de Cozlar, malgré les réclamations et l'opposition du clergé et du peuple. Le pape envoya deux légats qui citèrent l'empereur à comparaître à Rome pour se justifier des divers crimes dont il était accusé, s'il voulait éviter l'anathème qui était suspendu sur sa tête ?

— Que fit l'empereur Henri IV ?

— Opposant l'audace et l'impiété à l'avertissement sévère mais paternel du pape, il assembla un conciliabule à Worms et y fit rendre un décret impie qui déposait Grégoire VII. Bien plus, il envoya au pape, qui présidait un concile à Rome, une lettre conçue en ces termes : « Je vous renonce pour pape, et vous commande, en qualité de patrice de Rome, d'en quitter le siège. » Puis, s'adressant au concile, il disait : « Telle est la lettre que nous adressons au moine Hildebrand et que nous vous envoyons, afin que notre volonté vous soit connue et que votre amour fasse ce qu'il nous doit ou plutôt ce qu'il doit à Dieu et à nous. Levez-vous, mes fidèles sujets ! et que celui qui m'est le plus fidèle soit le premier à le condamner. »

Vous ne serez pas étonné, colonel, que cette lettre, inspirée par la colère et l'impiété, ait appelé d'elle-même l'excommunication, qui fut lancée contre l'empereur et qui délia ses sujets du serment de fidélité.

— Diantre! fit le colonel, le pape n'y allait pas de main morte. Délier les sujets du serment de fidélité !

— Eh bien! colonel, ce n'est pas moi qui prendrai la défense de Grégoire VII, mais un auteur protestant.

— Lequel ?

— M. Guizot. Voici ce qu'il dit dans son *Histoire de la civilisation*, cinquième leçon : « Depuis quelques siècles, on parle à son aise des droits du pouvoir temporel ; mais, à l'époque qui nous occupe, le pouvoir temporel c'était la force pure, un brigandage intraitable. L'Église, quelque imparfaites que fussent encore ses notions de morale et de justice, était infiniment supérieure à un tel gouvernement temporel ; le cri des peuples venait continuellement la presser de prendre sa place. Lorsqu'un pape ou des évêques proclamaient qu'un souverain avait perdu ses droits, que ses sujets étaient déliés du serment de fidélité, cette intervention, sans doute sujette à de graves abus, était souvent, dans le cas particulier, légitime et salutaire. En général, messieurs, quand la liberté a manqué aux hommes, c'est la religion qui s'est chargée de la remplacer. Au xe siècle, les peuples n'étaient point en état de se défendre, de faire valoir leurs droits contre la violence civile : la religion intervenait au nom du Ciel. C'est une des causes qui ont le plus contribué aux victoires du principe théocratique. »

Le raisonnement de M. Guizot se transformant, par la force même des faits historiques, en défenseur de la papauté, ne vous semble-t-il pas péremptoire ? Dit-il assez clairement que la civilisation, au moyen âge, fut sauvée par les papes ?

— Je ne puis le nier. Mais vous n'ignorez pas, monsieur l'abbé, que les affirmations des hommes les plus compétents, les plus illustres même, ne me suffisent pas, à moi, pygmée intellectuel et homme de peu de foi ; il me faut des faits.

Parlez-moi encore de ce que les papes ont fait pour sauver la société dont les rois et les prêtres même, vous l'avez reconnu vous-même, étaient parfois loin d'être des modèles.

— Je vous ai déjà montré la fermeté à la fois douce et éclairée des papes envers les rois prévaricateurs, qui, par leur conduite immorale, donnaient l'exemple du désordre, et par la simonie introduisaient dans l'Église des membres indignes du caractère sacré. Après bien des luttes et des combats, le chef vierge de l'Eglise réclama les lumières des cardinaux vierges comme lui : ces pasteurs des âmes sondèrent ensemble les plaies profondes de l'époque et cherchèrent des remèdes basés sur la justice.

Ce fut dans ce but que s'ouvrit le concile de Trente, dont les décrets, rédigés sous l'inspiration du Saint-Esprit, embrassèrent tout : la sanctification des pasteurs par la prière et la mortification : la sanctification du troupeau par l'instruction et l'exemple des vertus du pasteur.

Le concile, loin de cacher les abus qui existaient encore dans l'Eglise, les découvrit afin d'y porter remède, car les princes de l'Eglise ne s'étaient pas assemblés pour donner au monde le spectacle du faste et de la grandeur, mais pour combattre le vice et faire fleurir la vertu.

— Que firent-ils pour atteindre ce but ?

— Nous lisons dans le livre des canons et décrets :

« Le saint concile, voulant se préparer à mettre la main au rétablissement de la discipline ecclésiastique, qui est extrêmement relâchée, et à la correction des mœurs dépravées du clergé, aussi bien que du peuple chrétien, a jugé à propos de commencer par ceux qui ont la conduite et le gouvernement des églises majeures, parce que le salut des inférieurs dépend de la vertu et de l'intégrité de ceux qui gouvernent (1). »

Vous vous rappelez, colonel, que la passion des princes n'avait que trop souvent fait accorder la mitre, la crosse abbatiale, etc., et par conséquent confié la garde du troupeau de Jésus-Christ à des sujets soit indignes soit trop jeunes ou incapables de le diriger. Le concile voulut empêcher le retour de pareils abus. « Nul, dit-il, ne sera à l'avenir promu à quelque dignité que ce soit ayant charge d'âmes, qui n'ait au moins atteint l'âge de vingt-cinq ans, qui n'ait passé quelque temps dans l'ordre clérical, et qui ne soit recommandable par l'intégrité de ses mœurs et par une capacité suffisante pour s'acquitter de sa fonction (2). »

Les vocations forcées étaient une autre source de désordres. Parmi les parents, les uns pour se débarrasser de quelques membres de leur trop nombreuse famille, d'autres enfin parce qu'ils estimaient qu'il suffit d'être religieux pour être sauvé, forçaient leurs enfants à entrer dans les monastères. « Le saint concile prononce anathème contre tous et chacun, de quelque qualité et condition qu'ils soient, tant ecclésiastiques que laïques, séculiers ou réguliers, même de

---

(1) V^e session. Décret de réformation, chap. 1.
(2) XXIVe session, chap. 2.

quelque dignité qu'ils soient revêtus, qui, de quelque manière que ce soit, contraindraient une fille, ou une veuve, ou quelque autre femme que ce soit, hors les cas exprimés par le droit, à entrer dans un monastère, ou à prendre l'habit de quelque religion que ce soit, ou à faire profession, ou qui donneraient conseil et assistance pour cela; ou qui, sachant que ce n'est pas librement qu'elle entre dans le monastère, ou qu'elle prend l'habit, ou fait profession, assisteraient à une telle action et y interposeraient de quelque façon que ce fût leur consentement ou leur autorité (1). »

— Mais vous ne me parlez pas, monsieur l'abbé, de la réforme des mœurs du clergé, qui laissait à désirer.

— Patience! colonel, j'arrive à l'anéantissement des restes de l'ancien concubinage, c'est-à-dire au couronnement de l'œuvre de Grégoire VII.

« Si quelqu'un dit que les ecclésiastiques, qui sont dans les ordres sacrés, ou les réguliers qui ont fait profession solennelle de chasteté, peuvent contracter mariage, et que, l'ayant contracté, il est bon et valide, nonobstant la loi ecclésiastique, ou le vœu qu'ils ont fait; que de soutenir le contraire, ce n'est autre chose que de condamner le mariage; et que tous ceux qui ne se sentent pas

---

(1) XXV session. Décret de réformation, ch. 18.

avoir le don de chasteté, encore qu'ils l'aient vouée, peuvent contracter mariage; qu'il soit anathème, puisque Dieu ne refuse point ce don à ceux qui le lui demandent comme il faut, et qu'il ne permet pas que nous soyons tentés au-dessus de nos forces (1). »

Après avoir flétri le concubinage, comme il le mérite, le concile porta, contre les pasteurs coupables des peines empreintes d'une douce sévérité et ne frappa sans pitié que l'endurcissement et la mauvaise volonté. La fermeté alliée à la bonté du père de famille ramenèrent peu à peu au bien les esprits égarés par les passions.

Reconnaissez, colonel, combien sont différentes les décisions du concile de Trente et celles du consistoire évangélique présidé par Luther, qui permit au landgrave de Hesse d'avoir deux femmes à la fois. Aussi la réforme qui émana de Rome grandit et s'épanouit, comme le lis qui frappe agréablement les regards et qui flatte la vue et l'odorat par les parfums qu'il exhale et par la blancheur de son calice. Le protestantisme, au contraire, fut semblable à un méchant qui rencontre, dans un chemin écarté, un homme égaré, et qui, sous prétexte de le ramener dans la bonne voie, le conduit par des chemins détournés dans un précipice caché sous des fleurs.

---

(1) XXIVe session. Canon IX.

XII

L'ASSAUT.

C'était l'histoire à la main et par le témoignage des ennemis de l'Eglise, comme Voltaire et Rousseau, des protestants comme Guizot et Luther lui-même, que le savant curé de Wernel avait combattu la prétendue réforme, et montré les maux qu'elle produisit par le mariage des prêtres, l'autorisation du divorce et sa faiblesse coupable envers les princes corrompus ou bigames.

Mais si l'ange du bien faisait briller aux yeux du colonel la défense glorieuse de la religion catholique, l'esprit des ténèbres ne tarda pas à lui suggérer de nouvelles objections qu'il exprima en ces termes :

— J'admets avec vous, monsieur l'abbé, que l'Eglise a été admirable dans les premiers siècles du christianisme ; qu'elle fut la sauvegarde et le guide de la civilisation; qu'elle a combattu avec intelligence et courage le désordre partout où il osait lever la tête, dans les cours et même dans le sanctuaire. Oui, tout cela est vrai pour les seize premiers siècles de l'Eglise; mais en fut-il de même au xviie et au xviiie siècle?

— Eh bien! colonel, je vais vous suivre sur ce terrain, et pour vous faire la partie plus belle, je comparerai même le clergé du xviiie siècle, si décrié par Voltaire et Rousseau, de ce siècle de l'*obscurantisme*, avec les ministres protestants de notre prétendu siècle des *lumières*!

Cela vous satisfait-il, colonel?

— Parfaitement.

— Vous admettrez avec moi, colonel, que les ministres protestants de nos jours sont loin d'être, comme les prêtres catholiques du xviiie siècle, entravés dans leur mission par le pouvoir et les philosophes; qu'ils ont une complète liberté d'action. Et cependant, tandis qu'on adresse des reproches amers au clergé catholique pour les maux que le pouvoir introduisait forcément dans l'Eglise, on n'a que des éloges pour les ministres protestants mariés qui, n'ayant pas la perfection pour but, travaillent pour le bien-être de leurs familles et, pasteurs infidèles, abandonnent trop souvent leurs troupeaux qui se corrompent et courent à leur perte.

— C'est un beau thème, monsieur l'abbé et si l'Eglise catholique sort victorieuse de cette comparaison, je rendrai décidément les armes.

— Ce ne sera pas vraiment trop tôt, car il faut avouer, colonel, que vous êtes un adversaire bien tenace dans vos objections, qui renaissent sans cesse, comme les têtes de l'hydre de Lerne.

— Mais vous êtes, vous aussi, monsieur l'abbé, un Hercule si redoutable!

— C'est trop d'indulgence pour mes faibles connaissances.

L'abbé Deguy allait continuer sa dissertation, lorsque ses regards rencontrèrent la pendule.

— Onze heures! fit-il.

— Eh bien! monsieur l'abbé, qu'y a-t-il en cela d'étonnant?

— L'entraînement de la discussion m'a fait oublier mon bréviaire, que je dois terminer avant minuit.

— En avez-vous pour longtemps, monsieur l'abbé?

— Pour plus d'une demi-heure et vous me permettrez de me retirer pour m'entretenir avec plus digne même que vous, colonel et héros de Reischoffen.

— Et quand continuerons-nous notre entretien?

— Demain, si vous le désirez.

— Dites plutôt si MM. les Prussiens nous le

permettent, et si demain n'est pas notre dernier jour.

— Si vous avez cette crainte salutaire, colonel, n'agiriez-vous pas avec prudence en ne remettant pas à demain l'abjuration de vos erreurs?

— A demain, monsieur l'abbé, à demain; en attendant, priez pour moi.

— Bien volontiers. Mais si vous m'aidiez dans ma supplique céleste en priant un peu vous-même?

— Je vais essayer.

— Parfait colonel, bonne prière. Que Dieu veille sur nous!

Rentré dans sa chambre, le bon et saint curé de Wernel pria pour le colonel Lamborel, pria surtout pour ses paroissiens, sur le salut spirituel et temporel desquels il veillait, comme nous l'avons déjà vu, avec la sollicitude du prêtre qui est toujours disposé à donner sa vie pour ceux que l'on confie à sa garde.

Mais ce que nos lecteurs ignorent, c'est que le curé de Wernel, tout en veillant pendant huit longues nuits, à la recherche, dans les archives de la bibliothèque du château, du passage secret qui pouvait, au dernier moment donner une issue à ses paroissiens pour échapper au fer prussien et en s'efforçant en outre de dissiper les opinions erronées qui obscurcissaient l'esprit du colonel, ce bon pasteur, dis-je, avait aussi, en se multipliant, préparé la voie du ciel à tous ses paroissiens par le tribunal de la pénitence et donné le pain de vie à ceux qui allaient mourir.

De concert avec le capitaine Emporte-Pièce qui, depuis sa conversion, se distinguait par son zèle, les escouades des défenseurs du château s'étaient relevées sucessivement, et tandis que les uns veillaient à ne pas se laisser surprendre par les Prussiens, les autres s'occupaient de leur âme et se munissaient d'armes divines pour repousser les attaques de l'ennemi de leur salut.

C'est ainsi que la petite troupe du capitaine Emporte-Pièce avait résisté avec tant de valeur et lutté un contre cinquante. L'homme qui ne craint pas la mort, parce qu'il sait que la vie n'est qu'un temps d'épreuves couronnées par l'accomplissement du devoir, cet homme voit décupler ses forces.

Le curé de Wernel était donc satisfait, et il s'était couché avec l'espoir que le lendemain il amènerait aussi le colonel Lamborel à brûler, comme le fier Sicambre, ce qu'il avait adoré, lorsqu'il fut réveillé en sursaut par le bruit du canon : les Prussiens, devançant le jour, avaient commencé le bombardement du château à quatre heures du matin.

— La crise suprême est arrivée, se dit l'abbé Deguy ; Dieu seul peut désormais nous sauver. Ah! si dans sa mansuétude il nous permettait de découvrir le passage secret!

Purifiez mes lèvres, ô mon Dieu, avec le charbon ardent du prophète Isaïe, afin que mes prières soient assez efficaces pour obtenir le salut de mes malheureux paroissiens!

Il était plongé dans ses profondes et pieuses réflexions lorsque soudain il s'écria :

— Merci, mon Dieu, si cette inspiration vient de vous.

Votre divin Fils a dit : Laissez venir à moi les petits enfants. C'est aussi aux enfants que la bonne Vierge a apparu à la Salette, à Lourdes, à Pontmain!

Oui, aux enfants ; pourquoi?

Parce que leur âme est sans souillure.

Et, mû par cette pensée, il s'en va rapidement de porte en porte convoquer tous ses paroissiens réfugiés dans le château : hommes, femmes, vieillards, enfants, à la chapelle où le divin sacrifice sera offert au Dieu qui renversa Goliath et sauva Béthulie.

La chapelle du château, située au rez-de-chaussée, était presque entièrement à l'abri des projectiles ennemis, qui ne pouvaient l'atteindre par le haut que protégeaient des voûtes solidement construites. Nos ancêtres édifiaient lentement et sûrement pour l'avenir, tandis qu'à notre époque éphémère on construit à la hâte ou à la légère. Nous appartenons hélas ! à un siècle de décadence matérielle et morale !

Les femmes, les enfants entraient pêle-mêle dans la chapelle, effrayés du bruit de la canonnade. Ils cherchaient au pied des autels du Dieu de paix un refuge contre la fureur des hommes.

Enfin le calme s'établit, et le prêtre monta à l'autel. La messe commença dans un profond recueillement, à peine troublé par les enfants qui se réfugiaient dans le sein de leurs mères.

Les assistants priaient tous avec la ferveur du martyr qui attend la mort. Eux aussi ne voyaient-ils pas la mort en face, ou du moins ne l'entendaient-ils pas gronder tout autour d'eux ?

Beaucoup de personnes s'approchèrent de la sainte table.

Le saint et prudent curé de Wernel, dans la crainte d'exposer les hosties consacrées à la fureur des hérétiques qui se trouvaient sans doute en grand nombre parmi les Allemands, consomma celles qui restaient dans le saint ciboire.

Il fit ensuite une allocution paternelle, dans laquelle il recommanda de prier avec ferveur le Dieu tout puissant qui avait sauvé Daniel de la gueule des lions. Si Dieu le veut, dit-il, il nous sauvegardera des atteintes de nos ennemis.

Priez-le qu'il nous donne de découvrir le passage secret, qui nous permettrait de nous dérober à l'atteinte des Allemands, passage que je cherche en vain depuis douze jours.

Mais si c'est sa volonté sainte que nous souffrions pour la cause de la religion et de la patrie, soumettons-nous avec résignation. Dieu sait, quand il lui plaît, tirer le bien du mal.

XIII

LES BATTERIES PRUSSIENNES.

— C'en est fait de nous, monsieur l'abbé. Avant trois jours, il ne restera pas pierre sur pierre du château de Wernel, disait le capitaine Emporte-Pièce avec une sombre énergie.

— Vous croyez, capitaine? fit M. le curé de Wernel avec angoisse.

— Ah! ces Prussiens maudits ont bien pris toutes leurs dispositions. Depuis douze jours qu'ils sont arrêtés par la résistance de ce château qu'ils croyaient emporter comme une bicoque en quelques heures et qui leur barre de passage des Vosges, ils ont établi bien des batteries qui font de terribles brèches à nos vieux remparts.

— Mais il me semble que nos canonniers leur répondent parfois avec avantage?

— Croyez-moi, monsieur le curé, leur feu ne tardera pas à être éteint. Regardez à votre droite, une des redoutes est déjà muette.

— Hélas ! c'est vrai.

— Tout est perdu.

— A moins que Dieu ne nous sauve ! Prions.

M. l'abbé Deguy, curé de Wernel, allait se retirer, lorsqu'il fut retenu comme cloué sur place à la vue du colonel Lamborel, qui s'avançait le pistolet au poing, le sabre au côté et le fusil en bandoulière.

— En puis-je croire mes yeux, monsieur le colonel ? s'écria l'abbé Deguy. Mais vous êtes donc guéri ? Et votre glorieuse blessure de Reichshoffen, qui devait vous retenir plusieurs jours encore cloué sur votre fauteuil de douleur ?

— Le danger que courent ces braves paysans qui se dévouent à la défense de la patrie et qui pourraient hélas ! être fusillés comme francs-tireurs par les Prussiens exaspérés d'une résistance à laquelle ils étaient loin de s'attendre, ces enfants, ces femmes, ces vieillards qui cherchent en vain un abri sous les murs qui s'écroulent, toute cette situation désespérée m'a électrisé. Je me suis levé, j'ai marché, et me voici, regardant les Prussiens en face et brûlant de verser mon sang pour retarder leur marche en avant sur le sol de la patrie.

— Fort bien, colonel ! ce beau feu me présage de nouveaux exploits.

— Hélas ! ce sera un nouveau Reichshoffen,

car la victoire est impossible, mais nous vendrons aussi chèrement notre vie.

— Puisque vous voilà debout, colonel, prenez en main le commandement, dit le capitaine avec déférence.

— Non pas, non pas. Loin de moi la pensée d'enlever à l'organisateur de la défense du château de Wernel la gloire de s'ensevelir sous ses ruines, en donnant les ordres que réclame un danger aussi imminent.

— Cependant, colonel...

— Je me permettrai toutefois, si vous le voulez bien, mon ami, de vous faire part de quelques réflexions.

— Je comprends le sentiment de délicatesse qui vous fait agir, colonel. Mais vous ne pouvez sacrifier à ce sentiment le salut de tous.

Voyons, la main sur la conscience, croyez-vous, oui ou non, que la présence d'un des héros de Reichshoffen n'électriserait pas nos soldats ?

Vous serez à mes côtés, mais vos ordres inspireraient plus de confiance. Ils partiraient de plus haut.

Tout vous commande de vous mettre à la tête de ces braves et de retarder, autant qu'il est en vous, le dénouement fatal de cette glorieuse résistance.

— Me permettez-vous, colonel, d'exprimer mon humble sentiment ? dit l'abbé Deguy.

— Certainement monsieur le curé, puisqu'il s'agit de la vie de votre pieux troupeau renfermé dans ces murs.

— Eh bien ! monsieur le colonel, je partage l'avis du capitaine : votre présence à la tête des troupes leur donnera une ardeur nouvelle. Et pendant que vous combattrez, je vais, indigne Moïse d'une si belle cause, prier aussi sur la montagne, avec les vieillards, les femmes, les enfants surtout, dont les innocentes prières sont toujours écoutées favorablement par leur Père qui est aux cieux.

En parlant aussi, le curé de Wernel se retira, laissant le colonel et le capitaine, qui se dirigèrent vers le point le plus menacé.

Les cris de Vive M. le Colonel ! vive le héros de Reichshoffen ! les accueillirent.

L'habitude du commandement s'empara aussitôt du colonel. Ayant jeté un coup d'œil sur la situation générale de l'attaque et de la défense, il indiqua à un canonnier un point noir qui devait lui servir d'objectif.

Quelques secondes plus tard, le colonel s'écria :

— Bravo ! canonnier, la pièce ennemie est démontée.

Et il indiquait déjà un autre point lorsqu'un

boulet prussien lui enleva le sabre dont il se servait pour donner ses indications.

— Maudits Prussiens ! Mon sabre de Reischshoffen !

Et il se baissa pour en ramasser le pommeau, qui était tombé à ses pieds.

Ce mouvement lui sauva la vie, car un boulet l'eût atteint en pleine poitrine s'il n'avait pas changé de position.

— Décidément, s'écria le colonel, ces Prussiens ont appris à faire la guerre depuis leur déroute d'Iéna, mais il est encore de généreuses poitrines à traverser avant de parvenir sous les murs de Paris.

Ah ! messieurs les Prussiens, vous avez brisé mon sabre ! C'est beaucoup et ce n'est pas assez ; c'est là qu'il fallait viser, ajouta-t-il en portant la main à son front. Canonniers, avant peu la batterie qui nous décime en ce moment sera muette.

— Vive le colonel, vive le capitaine, s'écrièrent les soldats paysans, que la présence et l'ardeur du colonel électrisaient.

Le colonel Lamborel se retirait satisfait de l'effet que sa présence avait produit, et surtout du plan qu'il venait de concevoir pour anéantir la batterie ennemie, lorsque le capitaine appela son attention sur un mouvement prussien qui lui paraissait inquiétant.

— Voyez, colonel, dit-il en lui passant sa longue-vue.

— Que distinguez-vous là-bas ?

— Jugez vous-même ; mais hâtez-vous, de grâce.

— Qu'est-ce donc ? Parlez, deux avis valent mieux qu'un.

Mais à peine le colonel eut-il regardé du côté indiqué par le capitaine, qu'il s'écria :

— Ah ! les rusés coquins, ils veulent nous surprendre ! En avant, en avant.

Et il se dirigea, suivi du capitaine et de vingt-cinq ou trente hommes qu'il avait sous la main, vers le point menacé.

Le château de Wernel est assis sur une montagne élevée de cent cinquante pieds, qui, contrairement à ce que l'on voit d'ordinaire, n'est abordable d'aucun côté.

Du haut du donjon, on aperçoit en face le village de Wernel, dont les rues serpentent en se dirigeant vers une vaste plaine de deux lieues couronnées par une verte forêt !

A droite les murs de défense sont assis sur des rochers à pic, qui défient l'audace des hommes et l'œuvre destructive du canon. Ces rochers se prolongent derrière le château, mais pas assez pour le couvrir complètement de ce côté. Aussi les Prussiens s'étaient-ils empressés d'établir en face plusieurs batteries, dont le feu avait déjà fait crouler plus d'un pan de murs.

La gauche du château présente surtout un point faible au milieu de ces défenses naturelles ou créées par le génie de l'homme. C'est de ce côté que se trouve la voie qui mène du village de Wernel au château. Le chemin sinueux est dominé sur tout son parcours par des redoutes qui en défendent l'approche aux ennemis. Mais les Prussiens, nés rusés, s'étaient glissés entre les arbres d'un parc immense, qui dissimulèrent leur marche jusqu'au pied du château. Et tandis que leurs batteries menaçaient le château, d'un autre côté, pour détourner l'attention des assiégés, leurs soldats, se glissant entre les arbres touffus, égorgeaient les sentinelles et s'élançaient à l'assaut.

Déjà plusieurs soldats prussiens, après s'être emparés des premières redoutes, étaient parvenus au haut des remparts, lorsque le colonel Lamborel et le capitaine Emporte-Pièce s'élançant, comme on l'a vu plus haut, à la tête d'une troupe qui grossit sous leurs pas, précipitèrent les ennemis du haut des remparts et rendirent leur défaite d'autant plus effroyable que, comptant sur une surprise, ils s'étaient avancés en colonnes serrées, qui, forcées de reculer, furent décimées par le feu de la mitraille.

Sept fois repoussés, sept fois ils s'élancèrent à l'assaut. C'est qu'ils se croyaient toujours sur le point de remporter la victoire. Mais à peine leurs plus vaillants soldats se trouvaient-ils sur le haut du parapet qu'ils étaient précipités de haut en bas et broyés dans leur chute, soit par le colonel Lamborel, soit par le capitaine Emporte-Pièce, soit aussi par le bon et vaillant lieutenant Lallier, qui se portait toujours où se trouvait le danger.

Le lieutenant Lallier était un brave que rien n'aurait pu faire reculer, pas même la mort.

En l'absence du capitaine Emporte-Pièce, il pensait à tout, veillait à tout. Rien ne lui échappait. Et son courage était à la hauteur de son intelligence, de son dévouement à la patrie.

S'étant aperçu le premier du mouvement des Prussiens, il s'était porté aussitôt en avant vers le point menacé, ralliant à lui les hommes qu'il rencontrait. Mais, malgré sa vigueur et son énergie, les ennemis qui s'avançaient en masses profondes n'auraient pu être rejetés du haut des murs, si le coup d'œil militaire ne fût venu en aide à son courage, s'il n'avait pas utilisé en quelque sorte le danger et donné l'ordre à une batterie de prendre en écharpe les Prussiens qui montaient à l'assaut en colonnes serrés, et qui se virent tout à coup arrêtés dans leur marche en avant par les premiers rangs tombant la poitrine trouée par la mitraille et les boulets qui brisaient aussi les échelles. La valeureuse épée du lieutenant Lallier, fortement secondé par ses soldats, tint en échec les Prussiens jusqu'à l'arrivée du colonel, qui de loin admira son courage, son coup d'œil, pour ne pas dire son génie militaire.

Déjà, au commencement du siège, il avait su déjouer les projets de l'ennemi, qu'il repoussa avec énergie. Aussi reçut-il cette fois sur le champ de bataille les félicitations bien flatteuses pour lui, mais aussi bien méritées du colonel Lamborel, du héros de Reichshoffen, qui se connaissait en courage.

Aussi modeste que brave, aussi bon que ferme, le lieutenant fut ému des éloges de ses chefs; mais il fut surtout touché des applaudissements répétés que les soldats donnèrent à ces éloges, applaudissements qui partaient du cœur et qui ne sont accordés qu'à ceux qui savent allier l'aménité du caractère au courage et à la fermeté.

Le colonel, voyant que tout danger avait disparu de ce côté, en confia la garde au lieutenant Lallier et se retira dans la plus haute tour du château avec le capitaine Emporte-Pièce, auquel il voulait confier le plan qu'il venait de concevoir pour la défense du château.

Tandis que le colonel Lamborel employait la force matérielle pour résister à l'ennemi, l'abbé Deguy priait, entouré de ses paroissiens réunis dans une vaste salle du château qui semblait pouvoir défier la fureur des boulets ennemis.

Les prières étaient entrecoupées par les sanglots étouffés des femmes et des enfants que les bombes et les obus lancés contre les murailles effrayaient. Le bruit de la bataille produisait un tel vacarme qu'il étouffait parfois la voix du bon pasteur, qui, dans ce danger suprême, était calme au milieu de la terreur générale : le dévouement lui faisait oublier le péril qu'il courait lui-même.

— Prions, oui, prions, mes enfants, disait-il, la Source de toute science de nous faire découvrir le passage secret qui existe dans le château et qui seul peut nous dérober aux atteintes de l'ennemi.

Des sanglots ayant accueilli ces paroles qui n'étaient pas de nature à rassurer les habitants de Wernel renfermés dans le château, le saint et courageux curé reprit :

— Oui, mes chers paroissiens, nous courons un grand danger, et il est si imminent, je le répète, que le Tout-Puissant seul peut nous en préserver.

Cependant j'ai la confiance intime que nos prières seront exaucées.

Mais, comme les décrets de Dieu sont impénétrables, préparons-nous à la mort; repentons-nous de nos péchés.

Que de fois, pendant les trente années de mon ministère, j'ai regretté qu'on ne m'ait pas toujours appelé pour avertir les malades du danger de mort qu'ils couraient. Une pitié, une affection mal entendue leur dérobait la vue de la situation dans laquelle ils se trouvaient et qui pouvait subitement les précipiter aux pieds du Juge suprême.

Que de personnes s'éteignent d'une manière indigne, qui seraient mortes saintement si une voix courageuse les eût averties de la mort qui les menaçait.

Eh bien, je veux, je dois avoir le courage de la vérité : **La mort nous menace.**

Prions et surtout faisons pénitence.

En ce moment, et comme si le Ciel avait voulu donner une preuve matérielle du danger que couraient les habitants de Wernel, un boulet lancé par les Prussiens pénétra par une lucarne et blessa une femme qui allaitait son enfant.

Le cri de la mère qui fut atteinte au bras droit et vit rouler son enfant à ses pieds, fut suivi d'un vacarme indescriptible.

La mère éperdue, oubliant sa propre douleur, se précipite à terre pour ramasser son enfant que ses voisines dans leur affolement auraient pu fouler aux pieds.

Mais, ô désespoir! quand elle veut saisir son fils, son bras droit reste inerte et pendant à ses côtés.

Elle considère un instant avec tristesse ce bras inutile ; mais bientôt elle reporte ses regards sur son enfant, qu'elle saisit de la main gauche. Aussitôt elle n'a plus qu'un sourire et des caresses pour le chérubin, que la douleur de la chute, les cris de sa mère et le bruit qui se fait autour de lui sont bien de nature à effrayer.

Enfin le calme se rétablit peu à peu et les prières les plus ferventes s'élèvent vers les cieux.

Après avoir fait descendre la bénédiction du ciel sur plusieurs personnes qui viennent se purifier au tribunal de la pénitence, le curé récite tout haut avec ses paroissiens le *Veni Creator*, afin que le Saint-Esprit l'éclaire, lui enseigne le passage secret que les archives du château ont été impuissantes à lui révéler.

Depuis longtemps déjà les chants ont cessé et le curé reste absorbé au pied des autels. Un rayon divin semble répandu sur son visage. Il ne paraît plus appartenir à ce monde.

Soudain il est arraché à sa contemplation, il se lève et sort de la salle. Mais sa démarche est si solennelle, ses traits respirent une si douce quiétude que son départ, loin d'effrayer, rassure.

— M. le curé a sans doute été inspiré de Dieu, se dit-on tout bas. Il va à la recherche du passage secret.

Et de ferventes prières s'élèvent vers le Tout-Puissant et accompagnent le bon pasteur.

XIV

L'ATTAQUE NOCTURNE

Minuit sonnait à l'horloge du château de Wernel.

Quand le douzième coup eut retenti, un homme qui se tenait assis sur un des bancs isolés de la grande cour, dans l'attitude d'une profonde réflexion, se leva, écouta, et marcha ensuite avec agitation.

— Voilà le moment solennel, se dit-il ; si nous réussissons, nous retarderons peut-être de quelques jours la chute du château.

Et qui sait si, pendant ce temps, Dieu n'aura pas pitié de nous : de ces femmes, de ces vieillards, de ces enfants, de mes braves compagnons de combat. Le Tout-Puissant exaucera, je l'espère, les prières et les recherches du bon et saint abbé Deguy et lui permettra de découvrir le passage secret.

En se parlant ainsi, le capitaine Emporte-Pièce écoutait.

C'est que le colonel Lamborel avait enfin consenti à prendre le commandement du château et donné l'ordre à trois cents des plus braves défenseurs de Wernel de se réunir à minuit dans la grande cour.

La trahison n'était pas à craindre parmi ces braves paysans transformés en soldats pour la défense de la patrie, et cependant aucun de ceux qui avaient reçu cet ordre ne connaissait le dessein du colonel.

Seul, le capitaine Emporte-Pièce, comme nous l'avons vu plus haut, avait discuté avec le colonel le plan qui allait être mis à exécution.

Pendant quelques instants, le capitaine écouta en vain; il ne perçut aucun bruit.

— Ils ont bien suivi les ordres du colonel, se dit-il d'abord, ils s'habillent et se préparent en silence... C'est parfait, point de lumière. Rien ne pourra faire soupçonner notre attaque à nos ennemis.

Et le capitaine se promena d'un air satisfait pendant quelque temps. Mais bientôt, cédant à l'impatience de son caractère, il se demanda si les fatigues de la journée n'avaient pas trop favorisé le sommeil et fait oublier les ordres.

Et il se dirigeait déjà vers l'intérieur du château lorsqu'il vit arriver successivement et en silence les paysans armés de pied en cap.

♦ ♦

— Parfait! se dit-il.

Je suis seul en faute, car j'ai encore une fois été sur le point de céder à mon impatience, comme s'il ne fallait pas le temps à tout.

Décidément je ne me corrigerai jamais de ce vilain défaut.

Tout en se condamnant lui-même, le capitaine voyait toute la troupe se réunir par escouade, non sans quelques méprises qui excitaient des rires aussitôt comprimés par les officiers.

— Silence dans les rangs! disaient-ils d'une voix sourde.

Les officiers ayant fait l'appel à voix basse et constaté que tous les soldats se trouvaient à leur poste, le capitaine, voyant que tout était prêt pour le départ, leur dit :

— Mes amis, nous allons combattre encore une fois le bon combat; vous avez pu remarquer que depuis deux jours les batteries ennemies qui se trouvent en face du sud-ouest du château ont fait de terribles brèches à nos remparts, et que, pour peu qu'elles continuent avec le même succès, nos murs de ce côté seront entièrement démolis.

Eh bien! pour empêcher un désastre, il faut en détruire la cause, et, comme me l'a fort bien dit le colonel Lamborel, enclouer les canons dans une attaque nocturne...

Mais où donc est le colonel ?

— Quoi ! c'est le colonel qui nous commandera ? demanda un des lieutenants.

— Vous êtes étonné, lieutenant ?

— Non pas de son courage, comme vous le pensez bien, capitaine, mais il relève à peine d'une si grave maladie que vraiment...

— Silence ! Il le veut ainsi, et je suis même fort étonné qu'il ne soit pas encore ici.

Les fatigues de la journée d'hier l'auront sans doute emporté sur ses forces et le sommeil aura vaincu le héros. Je vais...

Le capitaine n'acheva pas sa phrase : le colonel arrivait en toute hâte, s'excusant de se trouver le dernier lorsqu'il s'agissait d'un combat.

— Messieurs, dit-il ensuite, le capitaine vous aura sans doute fait prendre patience en vous instruisant du but de l'attaque qui va avoir lieu. N'est-ce pas, ami Emporte-Pièce ?

— J'ai fait en effet connaître le but et la portée de l'attaque, mais je ne me suis pas permis de parler du plan de l'action. Je leur...

Soudain, le capitaine s'arrêta. Un étonnement mêlé d'effroi se lisait sur toute sa physionomie.

— Mais continuez donc, dit le colonel, qui, préoccupé de son plan d'attaque, ne s'était pas aperçu de l'effroi du capitaine.

Au lieu de répondre, le capitaine se précipita du côté des remparts.

Comme quelques soldats couraient à sa suite, il leur fit un signe impératif de s'arrêter, et, ralentissant sa marche en arrivant auprès des murs, il écouta.

Après une minute d'anxieux silence pendant lequel il regardait tout autour de lui, en évitant toutefois de se laisser voir du dehors, il se leva, se hissa sur le rempart, et ses yeux s'efforcèrent, mais en vain, de pénétrer les ténèbres.

— Rien ! se dit-il, c'est étonnant ! Cependant, j'ai bien aperçu...

Et il retourna à pas lents vers les soldats étonnés, mais qui, retenus par l'ordre du colonel, n'avaient osé manifester leur crainte d'abord, leurs appréhensions ensuite et leurs sentiments divers.

— Mais que se passe-t-il donc, ami Emporte-Pièce, que vous avez paru si inquiet? demanda le colonel; auriez-vous entrevu le diable en personne?

— Pis que cela, fit le capitaine d'un ton sérieux. Je chasse le diable par le signe de la croix, tandis que ces mécréants d'hérétiques qui s'appellent Prussiens ne peuvent être combattus que par la mitraille. Et ils sont aussi rusés que le diable dont vous parlez, et qui les inspire.

— Voyons, capitaine, précisons : vous semblez me dire que vous avez entrevu un Prussien ; ne serait-ce pas le fruit de votre imagination au milieu de la nuit?

— Comment ! répondit le capitaine d'un air mécontent. Mais un vieux loup de mer comme moi sait distinguer le casque d'un Prussien de tout autre objet fantastique, bon tout au plus pour émouvoir un conscrit.

— Pardon, mon ami, je n'ai pas voulu vous blesser, mais ce que vous avez dit de ce Prussien me semblait si étrange...

— C'est cependant bien simple ; tandis que je parlais, j'ai entrevu un casque prussien, puis une tête qui regardait de tous côtés dans la cour et qui s'est aussitôt effacée quand elle nous a aperçus.

— Il est vrai que notre présence dans cette cour à minuit et en si grand nombre avait quelque peu lieu de l'étonner, mais quel pourrait bien être le but de ce Prussien en s'exposant ainsi ?

— Ne serait-ce pas un espion ? Ces Prussiens que l'enfer a déchaînés contre nous, nous prépareraient-ils une surprise à leur tour ?

— C'est fort possible ! Mais le lieutenant Lallier veillera pendant l'expédition. Et il serait bon même de lui faire part de ce qui se passe, afin qu'il redouble de surveillance, tandis qu'une partie de la garnison sera sortie pour enclouer les canons de la redoute qui nous fait tant de mal.

— Si vous le voulez bien, colonel, pendant que vous donnerez ici vos instructions, je vais prévenir le lieutenant de ce qui se passe.

— Parfait, mon ami, fit le colonel, qui, se tournant ensuite vers les soldats réunis autour de lui, continua en ces termes :

— Oui, mes braves, choisis entre tant de braves qui exposent leur vie pour la défense de la patrie, oui, vous êtes réunis pour surprendre, emporter, enclouer les batteries ennemies qui ont déjà détruit une trop grande partie de nos murailles du sud-ouest, et qui demain feraient une large brèche, si on n'éteignait pas leur feu par un coup d'audace.

Nous allons donc sortir en silence, nous glisser comme des reptiles jusqu'au pied de la batterie ennemie ; je me charge de surprendre la sentinelle, de lui plonger un poignard dans le cœur, afin qu'elle ne pousse pas le moindre cri, et...

Le colonel s'arrêta tout à coup. Il semblait ému, tout comme le capitaine Emporte-Pièce quelques instants auparavant.

— Ah ! le Prussien du capitaine, dit-il ; silence ! ajouta-t-il, en mettant le doigt sur sa bouche.

Et le colonel, redressant sa manche, se mit à l'écart de la troupe, et au moment où l'espion prussien relevait la tête, un coutelas sortit soudain de la manche du colonel, siffla et atteignit l'ennemi au front. Un léger cri se fit entendre, puis le bruit d'un corps qui roulait, emportant des cailloux dans sa chute.

Les soldats n'étaient pas encore revenus de leur surprise que le colonel disait :

— Le malheureux ! Ce n'était pas à lui que ce poignard était destiné, mais bien à la sentinelle dont je vous parlais tout à l'heure.

Comme le colonel lisait le sentiment de curiosité sur la physionomie de ces paysans soldats, dont plusieurs ne comprenaient pas comment le colonel avait pu mortellement atteindre le Prussien à cinquante pas, il dit :

— Ce qui vient de se passer étonne plusieurs d'entre vous. Leur étonnement cessera quand ils sauront que j'ai longtemps vécu au Mexique, où non seulement le *lasso* dont il n'est pas nécessaire de parler ici, car le temps presse, mais aussi le poignard lancé à grande distance est d'un fréquent usage. Rarement l'homme exercé manque son but.

Mais comme toute maladresse est possible, on ne marche jamais sans avoir son poignard de rechange.

En parlant ainsi, le colonel glissa un second couteau poignard dans sa manche, puis commanda d'une voix sourde, mais ferme : En avant !

Dans son ardeur guerrière, il oubliait le capitaine.

Mais à peine avait-il fait quelques pas, qu'il s'aperçut de son oubli, et il allait donner l'ordre de suspendre la marche lorsque le capitaine arriva.

C'est qu'il s'entretenait avec le lieutenant La[l]lier, lui exprimait sa crainte d'une surprise et lu[i] montrait l'endroit où le casque d'un Prussien lu[i] avait apparu, lorsque le colonel donna l'ordr[e] d'aller de l'avant. Comme ce commandement l[e] concernait surtout, il s'empressa de se rendre [à] l'appel.

Bientôt on arriva à une poterne, dont le capitain[e] avait la clef. Il l'ouvrit lui-même et ne voulu[t] confier à personnne le soin d'examiner si tout étai[t] calme au dehors. La pensée du Prussien revenai[t] toujours à son esprit, car il ignorait que le colone[l] en avait fait justice.

— Surtout, pas de bruit, dit-il, et ne faite[s] qu'à toute extrémité usage de vos armes. Il fau[t] avant tout éviter de donner l'éveil à nos ennemis.

Il marchait donc en éclaireur, lorsque soudain il s'arrêta comme s'il se fût trouvé en face d'un reptile.

Le cadavre du Prussien tué par le colone[l] se trouvait à ses pieds. Mais, dans l'obscurité, il n'aperçut pas d'abord le poignard planté au milieu du front.

Croyant avoir affaire à un éclaireur que le sommeil avait surpris, il s'avançait le poignard levé, lorsque le colonel le rejoignit et lui dit en se baissant et lui montrant le coutelas qu'il arracha de la plaie :

— Celui-ci n'est plus à craindre.

Et en deux mots le colonel lui apprit qu'il avait tué le Prussien qui l'inquiétait tant.

— J'avais donc bien vu, fit le capitaine avec une satisfaction qu'il ne chercha pas à dissimuler.

L'homme le mieux doué n'est pas exempt d'une certaine teinte d'orgueil, et ce n'est que par une longue vie d'austérités et de mortifications qu'on peut enfin vaincre ce démon qui ternit les meilleures qualités.

Trop satisfait de lui-même, le capitaine allait de l'avant sans songer assez aux dangers de l'expédition qu'il dirigeait, lorsque le colonel qui marchait à ses côtés, l'arrêta et le saisit fortement par le bras, tout en commandant à la troupe d'une voix sourde :

— Halte ! silence.

Au grand étonnement de son ami et de toute la troupe, le colonel se pencha, s'étendit de tout son long, colla son oreille contre la terre et écouta à la manière des sauvages de l'Amérique, dont l'ouïe est si exercée qu'ils peuvent juger de la marche de leurs ennemis et se rendent même compte de leur nombre à une très grande distance.

Les soldats étonnés gardèrent d'abord un profond silence ; mais peu à peu des chuchotements se firent entendre, et un des officiers avançait même de quelques pas, lorsque le colonel l'arrêta court avec un geste d'impatience.

Enfin le colonel se releva :

— Ils sont plus de deux mille, dit-il à voix basse.

— Et où se dirigent-ils ? demanda le capitaine.

— De notre côté.

— Que faire ?

— Nous placer en embuscade et tomber sur eux au moment où ils y penseront le moins.

— Mais par là notre expédition sera manquée, car ce combat donnera l'éveil aux soldats qui gardent les batteries.

— Non pas, non pas.

— Comment donc ? Je ne puis m'expliquer.....

— Nous diviserons notre petite troupe en deux colonnes. Je poursuivrai la marche en avant vers la batterie dont nous ne sommes plus guère éloignés que de dix minutes.

En pressant le pas, vous arriverez aussi dans dix minutes assez tôt pour vous trouver près de la fosse Bazin au moment où les Prussiens y passeront.

— Mais vous croyez que les Prussiens dirigent leur marche vers la fosse Bazin ?

— Cela vous étonne ?

— Certainement, car ils s'exposeraient à y être massacrés par une poignée d'hommes.

— D'où viendrait leur défiance ?

Croyez-vous donc qu'ils peuvent supposer un instant que nous aurons la témérité de faire une sortie et de les attaquer dans leur repaire ?

— Mais êtes-vous bien sûr qu'ils se dirigent vers la fosse Bazin ?

— Mon ouïe et ma raison sont d'accord; ils suivent la route de Flavel à Wernel et s'éviteront, en passant par la Fosse, plus de vingt-cinq minutes de marche.

Mais je vais m'en assurer encore.

Et le colonel se pencha de nouveau jusqu'à terre.

Quand il se releva, sa physionomie était rayonnante.

— Je l'avais bien pressenti, dit-il. Ils viennent de quitter la grand'route et suivent le sentier qui mène à la fosse Bazin.

Il n'y a pas de temps à perdre.

Les officiers, sur l'ordre du colonel, s'étant approchés des deux chefs pendant leur conversation, avaient été mis ainsi au courant de la situation.

On divisa aussitôt la petite troupe. Cent hommes devaient accompagner le capitaine et se diriger en toute hâte vers la fosse Bazin, tandis que le colonel, suivi de sa colonne, s'avancerait à pas de loup du côté de la batterie prussienne, qu'il s'agissait d'emporter à la baïonnette.

Avant le départ, le colonel entretint quelques instants son ami à voix basse.

— Parfait! dit le capitaine en lui serrant la main; nous éviterons ainsi toute méprise. Aucun des moyens humains n'est omis pour le succès, Dieu fera le reste, si nous nous en rendons dignes.

Et les deux chefs, mus par la même pensée, se mirent à genoux à la tête de leurs deux troupes, qui imitèrent leur exemple et invoquèrent le Dieu des armées.

Placés en quelque sorte sous l'égide divine, les soldats se séparèrent et marchèrent avec une égale confiance à la rencontre de l'ennemi.

Le colonel arriva sans encombre en vue des batteries prussiennes.

Il fit faire halte à sa troupe et continua sa marche suivi d'un seul aide de camp.

C'est qu'il s'agissait de surprendre la sentinelle, que le moindre bruit pouvait mettre en éveil.

Son long séjour dans les forêts vierges du nouveau monde où les embuscades sont sans cesse à redouter servait le colonel.

Arrivé à cinquante pas du tertre où se trouvait le factionnaire, il fit signe à son aide de camp de se tapir dans un fourré et s'avança seul.

Il rampait à terre comme un vrai serpent, se dissimulant devant le moindre pli de terrain, n'avançant que lentement et lorsque la sentinelle dans sa promenade s'éloignait de l'endroit où il se trouvait.

Déjà il n'était plus qu'à dix pas et levait le poignard pour s'élancer sur l'ennemi, lorsque soudain il aperçut un officier qui s'avançait pour inspecter le poste.

— Ces Prussiens sont bien prévoyants! se dit-il. La présence de cet officier pourrait me faire échouer.

Il voulut se rendre compte de l'heure; mais en ce moment un nuage passait devant la lune.

Et cependant il était nécessaire de connaître l'heure, parce qu'il avait été entendu avec le capitaine que l'attaque n'aurait lieu qu'après dix minutes de marche, afin que l'ennemi fût surpris des deux côtés à la fois.

L'officier s'avançait lentement et n'était plus qu'à cinquante pas, lorsque le colonel put enfin constater à sa montre qu'il ne disposait plus que d'une minute et demie.

Que faire?

Attendre que l'officier eût terminé son inspection?

Impossible, cela eût pris trop de temps.

Attaquer la sentinelle, la poignarder et s'élancer ensuite sur l'officier?

Mais il était à craindre, et tout donnait même

lieu à penser que l'officier, voyant tomber la sentinelle, ferait aussitôt usage de son pistolet et donnerait ainsi l'éveil.

Toutes ces questions furent posées et résolues en bien moins de temps qu'il ne m'en a fallu pour les écrire.

Bientôt la résolution du colonel fut prise.

Se dissimulant derrière un tertre, il prépara son coutelas, et quand l'officier ne fut plus qu'à quinze pas, il le lui envoya.

Mais, soit que l'officier eût fait un mouvement, soit que l'arme eût dévié, l'ennemi, au lieu d'être atteint au front, fut frappé à la gorge et poussa un grand cri.

Le factionnaire à ce cri fit un brusque mouvement et regarda tout autour de lui. Mais déjà le colonel avait bondi sur lui et le frappait mortellement au cœur.

Le soldat resta quelques instants debout et s'affaissa ensuite sans bruit.

Mais le cri de l'officier avait donné l'éveil.

C'en eût été fait de l'expédition, si le capitaine, avant de s'éloigner de sa petite troupe, ne lui avait pas donné l'ordre d'avancer au moindre cri.

Tandis que le colonel achevait l'officier, ses soldats le rejoignirent.

Cependant, tout en étant fortement occupé de son expédition, le colonel ne perdait pas de vue le capitaine, qui déjà aurait dû être aux prises avec les Prussiens.

Que se passait-il donc à la fosse Bazin ?

En quittant le colonel Lamborel, le capitaine avait fait prendre le pas accéléré, tout en marchant un peu en avant et prêtant une oreille attentive, dans la crainte d'éveiller l'attention des ennemis, ou même de tomber dans une embuscade, quoiqu'il eût d'autant moins à craindre qu'il se rapprochait du château en se dirigeant vers la fosse Bazin, qui en était peu éloignée.

Mais quel ne fut pas son étonnement, en arrivant auprès du défilé appelé improprement la fosse Bazin, de n'entendre aucun mouvement de troupe.

— Le colonel se serait-il trompé ? se demanda-t-il. Les rusés Prussiens, qui pensent à tout, auraient-ils suivi la grande route, au lieu de s'engager dans le défilé ?

Qu'est-ce donc que cette fosse Bazin ? se demandent sans doute les lecteurs.

Ce fut autrefois une vaste carrière, d'où l'on a extrait une grande quantité de pierres et de sable, et qui depuis une centaine d'années, n'étant plus exploitée, s'est couverte d'arbres et de broussailles. Depuis, on a construit une route qui mène de Wernel au bourg voisin ; mais comme les voitures n'auraient pu passer par ce défilé, on a été forcé d'adopter un long détour et de contourner la fosse, dans laquelle on ne passe pas, même en été, sans éprouver une certaine émotion, tellement elle est profonde.

Le capitaine l'avait plus d'une fois traversée dans ses promenades ; aussi n'hésita-t-il pas à l'explorer, après avoir fait prendre à sa troupe des dispositions qui défiaient toute surprise.

Il descendit lentement la pente qui menait au centre de la fosse, en ayant soin d'écarter les branches et d'amortir, autant que possible, le bruit de sa marche. Déjà, il était arrivé presque au milieu du défilé et commençait à désespérer du résultat de ses recherches, lorsqu'un cri : *Qui vive !* retentit à ses oreilles et le cloua sur place.

Si le capitaine n'avait pas habité l'Amérique et n'en connaissait pas les ruses, il n'était pas cependant dénué de tout moyen de défense. Calme, comme tout homme qui a souvent affronté la mort et joué en quelque sorte avec le péril sur le champ de bataille, il répondit au second : *Qui vive!* par un cri de chouette qu'il avait parfaitement imité dans son enfance.

— Maudite chouette ! s'écria la sentinelle avec un juron.

— Que se passe-t-il? demanda un sergent prussien, qui s'était aussitôt rendu au cri d'alarme.

— J'avais cru, sergent, entendre des pas, et c'était simplement une chouette.

— Vous êtes bien sûr ?

— Aussi certain que je vous entends, sergent.

— Cependant....

Et le sergent, dans sa défiance, fit quelques pas en avant et s'efforça de pénétrer les ténèbres. Mais il ne put rien apercevoir, parce que le capitaine s'était baissé sans bruit jusqu'à terre et tapi le long d'un buisson fort épais.

Quoique le sergent se fût retiré, la position du capitaine n'était pas rassurante. Il savait maintenant que les Prussiens se trouvaient dans la fosse Bazin. Mais pourquoi s'y arrêtaient-ils, au lieu de poursuivre leur marche en avant ?

Telle était la question, dont la solution échappait au capitaine.

Après être resté quelque temps dans la même position pour réfléchir à ce qu'il avait à faire, et aussi pour ne pas donner l'éveil à la sentinelle, il allait se retirer, lorsqu'il entendit les pas de deux officiers supérieurs qui ne tardèrent pas à passer près de lui en causant.

Dans leur préoccupation ils ne l'aperçurent pas, quoiqu'ils n'en fussent éloignés que de quelques pas.

— Décidément, disait l'un deux, le retard de Wilhem commence à m'inquiéter. Voilà plus de dix minutes qu'il devrait être ici. Pourvu qu'il ne lui soit pas arrivé malheur !

— Oh ! général, Wilhem est si rusé ! C'est que sans doute dans son espionnage, qu'il fait avec une véritable passion, il se sera laissé emporter par le désir de poursuivre une piste jusqu'au bout.

— Cela est possible, mais cependant si Wilhem est passionné dans son art, — l'espionnage chez les Prussiens est passé à l'état de talent, — il a aussi le mérite d'être exact. Et, quoi que vous en disiez, colonel, ce retard m'inquiète. Puis, les ordres sont formels : il faut monter à l'assaut du château à une heure, et comme notre attaque doit avoir lieu en même temps que celle du colonel Fritz, nous devrons marcher quand même de l'avant si dans cinq minutes Wilhem n'est pas ici.

La conversation des deux officiers prussiens se perdit peu à peu avec le bruit de leurs pas.

Le capitaine en savait assez. Il ne s'agissait plus maintenant que de s'éloigner sans attirer l'attention de la sentinelle.

Au moment où le capitaine allait ramper le long des broussailles et se dissimuler derrière les arbres pour échapper à la sentinelle, quelques coups de feu, suivis bientôt d'une décharge générale et du grondement du canon, le firent tressaillir.

— C'est le colonel qui commence l'attaque, se

dit-il. Il se sera sans doute impatienté de mon silence.

Que faire ? Je ne pouvais cependant pas empêcher ces damnés Prussiens de s'arrêter ici !

Tout en se parlant ainsi à lui-même, Emporte-Pièce écoutait :

— Aux armes ! aux armes ! s'écriaient les Prussiens, non loin de lui, avec un brouhaha indescriptible.

C'est que pour eux, la fusillade, les décharges d'artillerie surtout étaient inexplicables au milieu de la nuit. Ils avaient cru d'abord que c'était le colonel Fritz qui attaquait le château avant l'heure indiquée ; mais ils ne tardèrent pas à se convaincre que le bruit insolite partait de leurs batteries de la butte aux Ormeaux.

On comprend aisément qu'ils étaient loin de supposer l'audace de l'attaque du colonel. Au lieu de surprendre, les renards pouvaient-ils être surpris !

Cette alerte rendit la retraite plus aisée au capitaine, qui avait hâte de regagner sa petite troupe. Mais à peine eut-il fait quelques pas qu'il s'arrêta : les deux officiers supérieurs prussiens dont il avait quelques minutes auparavant entendu la conversation, revenaient en toute hâte vers leurs soldats. Ils étaient tellement préoccupés qu'ils passèrent à côté de lui sans l'apercevoir.

Un instant Emporte-Pièce eut la pensée de tirer sur eux. Instinctivement il porta même la main à son pistolet. Mais la réflexion l'arrêta. Il comprit que toute agression révèlerait une embuscade aux ennemis, qui se tiendraient d'autant plus sur leurs gardes que la fusillade qui se continuait très vive et le canon qui tonnait de plus belle n'étaient pas de nature à les rassurer.

Il s'éloigna donc en toute hâte et rejoignit sa petite troupe, qu'il se hâta de diviser en quatre détachements, dont l'attaque devait converger vers un centre commun. Il voulait à la fois prendre les Prussiens en tête, en flanc et en queue. Tandis que quarante hommes devaient faire face à l'ennemi, deux escouades de vingt hommes chacune les mitrailleraient sur leurs flancs. Et, pour que les Prussiens, bouleversés d'abord par cette attaque imprévue, se crussent entourés de toute part par de nombreux ennemis, vingt paysans qui se glissèrent aussitôt le long des arbres avaient pour mission d'attaquer les Prussiens par derrière.

Le point où devait avoir lieu l'attaque générale était fort bien choisi. Il est en effet un passage de la fosse Bazin où les ennemis, resserrés comme dans un vaste entonnoir, ne pouvaient que difficilement franchir un tertre et quelques blocs de pierres qui entravaient la marche.

Le capitaine attendit quelques instants anxieux l'arrivée de l'ennemi. C'est qu'il était à craindre que le général prussien, au lieu de pousser sa marche en avant, ne rétrogradât pour prendre du général en chef de nouveaux ordres en présence du combat de la butte aux Ormeaux.

En effet, le général prussien eut d'abord cette pensée ; mais, quoique tout lui indiquât qu'il y avait réellement une lutte inexplicable, il marcha en avant, parce qu'il se disait que d'autres brigades ne tarderaient pas à se rendre au secours des batteries et que l'attaque du château serait d'autant plus favorable qu'il y aurait moins d'ennemis pour le défendre.

Cependant, à peine eut-il fait quelques pas en avant, qu'il donna l'ordre d'arrêter. C'est qu'au milieu de ce désordre d'idées et de faits, l'absence de l'espion Wilhem achevait de l'inquiéter.

— Que faire ? se dit-il. Puis, après quelques instants de réflexion : Le sort en est jeté !

— En avant marche ! s'écria-t-il d'une voix de Stentor, dans laquelle se révélait toute sa courageuse angoisse.

Mais à peine eut-il fait trois cents pas à la tête de sa troupe qu'une décharge arrêta court. Une balle l'avait touché au bras gauche, et plusieurs de ses hommes gisaient blessés ou mourants à ses côtés.

— Feu ! s'écria-t-il.

Tandis que ses soldats tiraient sans but dans l'obscurité sur l'escouade du capitaine, qui avait attaqué l'ennemi en face et qui, après deux décharges, s'était dissimulée derrière les tertres et les arbres, les deux autres escouades, placées sur les flancs de l'ennemi, les mitraillaient à leur tour, suivant l'ordre reçu, et s'étaient à peine dissimulées pour échapper aussi aux balles ennemies que les Prussiens étaient décimés par les paysans qui les prenaient en queue.

On comprend aisément le désordre dans lequel se trouvaient ces deux mille hommes placés côte à côte et se gênant mutuellement dans leurs mouvements.

Mais ce qui augmenta le désordre et l'épouvante générale, ce fut une décharge qu'exécutèrent à la fois les quatre escouades.

Les Prussiens se virent décidément cernés de toute part, et comme l'obscurité ne leur permettait pas de distinguer le nombre de leurs ennemis, surtout au milieu des arbres, des broussailles, des tertres, des rochers, le général lui-même eut un moment d'indécision, qui lui fut d'autant plus fatal que presque toutes les balles des paysans portaient coup sur des masses profondes et resserrées en un terrain dont tous les plis et les replis leur étaient parfaitement connus.

Cependant l'excès même de leurs pertes rend du courage aux Prussiens, doublement décimés par un ennemi invisible. Quatre cents sont déjà morts ou blessés, et toute la brigade sent qu'elle éprouvera le même sort si elle ne paie d'audace, si elle ne marche à un ennemi invisible.

Le général donne enfin l'ordre de s'élancer de tous les côtés à la fois sur l'ennemi qui le cerne et l'attaque de toutes parts.

Malgré les balles qui ne cessent de décimer leurs rangs, le courage des Prussiens renaît peu; la honte de mourir sans avoir combattu leur rend une ardeur nouvelle; ils se divisent en quatre colonnes et courent à l'ennemi.

Mais c'est en vain que le général s'élance en avant. Le capitaine et son escouade le forcent à reculer sous les balles qu'ils font pleuvoir sur la troupe ennemie. Le général est lui-même atteint de nouveau et mis hors de combat.

C'est en vain que les soldats veulent venger leur chef; les paysans, dissimulés derrière les arbres et les rochers, sur un passage où six hommes peuvent à peine marcher de front, défient leurs ennemis, dont ils jonchent la terre.

L'attaque des Prussiens à l'arrière-garde est aussi désastreuse, mais ils sont plus heureux sur leurs flancs : la pente y est moins rapide et les obstacles naturels ne se dressent point devant eux à chaque pas.

Enfin ils peuvent atteindre leurs ennemis. Que de trames sont coupées! que d'actions d'éclat, que d'exploits dignes de devenir célèbres sont demeurés inconnus au milieu des ténèbres! Chaque combattant est seul témoin des grands coups qu'il porte.

Mais, quelque courage que déploient les paysans, ils sont enfin forcés de céder devant le flot envahisseur de leurs ennemis et de se dérober à la mort dans les ravins qui les connaissent et où les Prussiens, étonnés de leur audace, n'osent les poursuivre.

Le capitaine, qui suivait les péripéties du combat et qui entend que les Prussiens, maîtres du terrain sur ses deux flancs, menacent de cerner sa petite troupe, donne le signal de la retraite; mais en se retirant il fait bien des fois encore face à l'ennemi et vomit la mort dans ses rangs.

Les Prussiens sont enfin maîtres du lieu du combat. Mais leurs pertes sont telles, que le général aurait voulu que des ténèbres éternelles eussent enveloppé ce lieu néfaste à ses armes et dérobé à ses yeux la vue de ses soldats blessés, morts ou mourants.

Dans l'ardeur du combat et la douleur de voir ses braves compagnons succomber dans une lutte où la valeur était impuissante contre des obstacles insurmontables et un ennemi invisible, le général s'était oublié lui-même, quoique sa blessure fût très grave.

Sur les instances du colonel, le chirurgien avait enfin obtenu de panser la plaie du général, lorsque son attention fut attirée par une vive fusillade qui se faisait entendre du côté du château.

— C'est le colonel Fritz qui commence l'attaque! s'écria le général, en saisissant son épée et écartant son bras des mains de l'opérateur.

— Général, général, fit le chirurgien.....

— En avant! s'écriait le chef avec une sombre énergie.

Mais quand il jeta ses regards autour de lui, le spectacle qui s'offrit à sa vue fut bien de nature à calmer l'ardeur la plus belliqueuse. A ses côtés se trouvaient jonchés, au milieu des morts, des soldats qui se tordaient dans la douleur, et l'on voyait sortir des taillis, en se traînant à grand'peine, des malheureux privés d'un bras, d'une jambe, la poitrine trouée, le sang coulant en abondance et laissant de sinistres traces du passage de leurs cadavres vivants.

Cependant le devoir commandait au général de réunir les hommes valides et de marcher au combat.

Le clairon ayant sonné l'appel, il se trouva

bientôt entouré de sept cents hommes en état de le suivre. Mais il ne pouvait abandonner sans secours et sans défense les malheureux soldats blessés dont on entendait les cris perçants et l'appel au fond de la fosse où ils avaient succombé en combattant. Deux cents hommes furent désignés pour veiller à la sûreté de ces infortunés et leur venir en aide.

Toutes les dispositions étant prises, le général marcha à l'attaque du château.

Les soldats le suivaient découragés. Echappés depuis quelques instants à peine à la mort qui les pressait de toutes parts, ils marchaient un sur quatre à un assaut d'autant plus périlleux que l'ennemi, averti par les combats de la butte aux Ormeaux et de la fosse Bazin, devait être sur ses gardes.

Cependant ils allaient de l'avant ; ainsi le veut la discipline militaire.

Ils entendaient du côté de la butte aux Ormeaux le crépitement de la fusillade. Mais le bruit du canon avait cessé.

Le silence de ces monstres dont les gueules enflammées vomissent mille morts à la fois, les étonnait.

Que s'était-il donc passé dans le combat de la butte aux Ormeaux?

Le colonel Lamborel se trouva un instant seul

avec son aide-de-camp, qui s'était empressé d'accourir auprès de lui, aussitôt le cri poussé par l'officier prussien, blessé d'abord et achevé ensuite par le colonel. Ils n'étaient que deux, et dix hommes composant le corps de garde s'avançaient contre eux.

Se garer derrière la guérite de la sentinelle qui n'était plus, se saisir de son pistolet et viser un ennemi qu'il atteignit en pleine poitrine, furent pour le colonel l'affaire de quelques instants.

Mais son aide-de-camp, moins rapide dans ses mouvements, fut atteint à l'épaule droite et mis hors de combat.

Cette perte eût été irréparable si la petite troupe du colonel n'eût été attirée sur le champ du combat par le cri de l'officier et le bruit de la fusillade.

A la vue des soldats français qui débouchaient à la fois de tous côtés, les Prussiens, craignant d'être enveloppés, cherchèrent leur salut dans la fuite. Mais plusieurs atteints par nos chassepots jonchèrent le sol.

— En avant! s'écria le colonel, en s'élançant sur quelques canons qui se trouvaient non loin du corps de garde abandonné. Ce fut à qui les enclouerait.

Mais, sans perdre de temps, le colonel, après avoir détaché quelques hommes pour enclouer les canons épars çà et là, s'élança vers le centre de la redoute.

C'est là que se trouvait le parc d'artillerie qui démolissait les remparts et vomissait la mort sur le château.

Les Prussiens, usant avec avantage des accidents du terrain, avaient placé trois batteries en amphithéâtre. Cette disposition leur servait à tirer sur l'ennemi sans se gêner dans leurs mouvements, et à pouvoir résister plus facilement, comme on va le voir, à une attaque, ou à se sauvegarder d'une surprise.

Si les Prussiens ont obtenu dans la guerre de 1870 tant de succès, c'est surtout grâce à notre imprévoyance et à la bonne tactique de leurs chefs.

C'est ainsi que le colonel Lamborel, après avoir encloué la première batterie, dut monter à l'assaut de la deuxième, tandis que, si tous les canons eussent été disposés sur un même plateau, les deux cents paysans se seraient répandus partout en même temps et eussent réduit pour toujours au silence ces monstres destructeurs des vieux murs de Wernel, avant que leurs ennemis fussent revenus de leur surprise.

Quoique les Prussiens ne s'attendissent nullement à une attaque de la part des paysans défenseurs du château, cependant l'habitude qu'ils ont de ne se relâcher jamais entièrement de leurs bonnes mesures de prudence fit qu'ils avaient placé, non loin des buttes où se trouvaient leurs batteries, des baraquements, non seulement pour les canonniers desservant les pièces, mais aussi pour un bataillon de cinq cents hommes.

Le colonel, qui croyait n'avoir affaire qu'aux canonniers, vit bientôt se dresser devant lui, à l'attaque de la seconde batterie, un grand nombre d'ennemis qui se disposaient à lui disputer chaudement la victoire.

Cependant les paysans, enthousiasmés de leur premier succès, s'élancèrent avec un tel entrain sur la deuxième batterie qu'ils parvinrent à l'enclouer, avant que les Prussiens, qui avaient été surpris dans leur sommeil par la fusillade, eussent pu se rendre bien compte de la situation et prendre les dispositions efficaces que commandait le danger imminent qu'ils couraient.

Il y eut toutefois une lutte acharnée dans l'attaque et la défense. Les canonniers se faisaient hacher sur leurs canons. Bien des paysans furent blessés et même mortellement atteints au moment où ils levaient le marteau pour enclouer les bouches à feu.

Pendant cette lutte acharnée, le colonel réfléchissait au danger de la situation, à la vue des soldats prussiens qui entraient en lutte en grand nombre et secondaient puissamment les canonniers.

Fallait-il risquer le tout pour le tout et monter à l'assaut de la troisième batterie ?

N'était-il pas plus prudent de donner le signal de la retraite dans la crainte d'un échec qui aurait pour effet de faire cerner sa petite troupe par un ennemi bien supérieur en nombre ?

Mais si l'attaque n'était pas sans danger, la retraite renfermait aussi bien des périls. L'ennemi, faisant usage des canons de la troisième batterie qui resterait intacte, pourrait exercer de terribles ravages dans les rangs des soldats abandonnant la lutte.

— Que faire? se demandait le colonel, lorsqu'il vit à la fois ses paysans maîtres du terrain, les canonniers ennemis qui allaient allumer la troisième batterie et les troupes de ligne qui faisaient un mouvement tournant pour l'envelopper.

Désormais toute retraite était impossible : il fallait vaincre ou mourir.

Il importait avant tout d'éviter la première décharge des canonniers, puis de prendre en écharpe les Prussiens dans leur mouvement tournant.

— A bas ! cria le colonel d'une voix de Stentor. Garez-vous des canons de la troisième batterie.

A peine cet ordre était-il donné qu'un bruit infernal se fit au-dessus de leurs têtes. Plusieurs paysans, qui n'avaient pas exécuté assez vite l'ordre du colonel ou qui n'avaient pu se garer qu'imparfaitement, furent atteints.

Mais, sans laisser le temps à l'ennemi de recharger les canons, le colonel cria : *En avant* ! d'une voix tellement formidable qu'il jeta l'épouvante parmi ses ennemis, habitués cependant au bruit des batailles.

Joignant l'action au commandement, le colonel s'élança à la tête de ses soldats, en répétant le cri : En avant ! en avant !

C'est qu'il était de la dernière importance pour son plan d'attaque d'éviter que les paysans n'enclouassent les canons de la troisième batterie, qui lui étaient nécessaires pour combattre les troupes de ligne prussiennes qui opéraient leur mouvement tournant et l'enveloppaient.

— En avant! répétait le colonel ; visez les canonniers, mais épargnez les canons.

Les paysans ne comprenaient rien à la seconde partie de l'ordre qui leur enjoignait d'épargner les canons; plusieurs même ne l'entendirent pas. Mais ce que tous firent instinctivement, ce fut de viser les canonniers et de les sabrer sur leurs affûts, afin de les empêcher de tirer une seconde fois.

La lutte n'aurait pas été longue si une centaine de soldats prussiens, mêlés aux canonniers et se dissimulant adroitement derrière les bouches à feu, n'eussent décimé les paysans qui montaient à l'assaut.

Mais rien ne put résister à l'élan des braves francs-tireurs, que la poudre et le succès avaient électrisés. Ils bravaient la mort, parce qu'ils marchaient à la victoire.

Mais, avant même que la lutte eût cessé et dans la crainte que des paysans n'eussent pas bien compris l'ordre qu'il leur avait donné d'épargner les canons, le colonel appela à lui quelques officiers et des artilleurs et leur ordonna de charger en toute hâte les canons que l'ennemi ne disputait plus. Chacun eut l'ordre de crier :

— N'enclouez pas les canons.

Il était temps que cet ordre fût répété, car déjà plusieurs paysans avaient sauté sur les affûts, et l'un d'eux même levait le bras pour enclouer, lorsqu'un officier fit dévier le coup.

Le soldat, croyant avoir affaire à un ennemi, saisit son pistolet et allait tirer lorsqu'il reconnut un de ses officiers.

Son air farouche se changea en étonnement.

— On n'encloue plus ! fit l'officier.

Mais, comme le soldat indécis regardait son chef d'un air interrogateur, celui-ci ajouta :

— Le colonel le veut, le colonel l'ordonne.

Et, d'un geste rapide, il montra le colonel,

plusieurs officiers et des artilleurs qui chargeaient les canons et les pointaient contre l'ennemi.

Au même instant un coup de feu atteignit le colonel par derrière et lui brisa l'épaule.

Le brave Lamborel chancela, et il allait tomber lorsque, s'arc-boutant, et se raidissant contre la douleur dans la crainte de jeter le découragement parmi les siens et pour dissimuler sa blessure, il eut le courage d'allumer la bouche à feu qu'il avait pointée contre l'ennemi.

Quand il se retourna pour voir d'où le coup qui l'avait blessé était parti, le Prussien n'était déjà plus.

C'est que l'officier que nous avons vu indiquer du doigt le colonel au soldat récalcitrant, avait tiré sur l'ennemi avant qu'il eût le temps de se garer.

— Ne vous occupez pas de moi, dit le colonel aux officiers et aux soldats qui se pressaient autour de lui. Le moment est critique, il n'y a pas de temps à perdre.

Et il se fit hisser au point culminant de la batterie.

De là, il put d'un coup d'œil envisager la situation, qui n'était pas sans péril il est vrai, mais qui ne manquait pas non plus de grandeur. En effet, il voyait les quatre cents Prussiens qui avaient opéré le mouvement tournant pour lui couper la retraite arrêtés dans la plaine, ne sachant à quoi attribuer les décharges d'artillerie qui les décimaient, et se refusant à croire que ces paysans, qu'ils traitaient la veille encore avec tant de mépris, eussent pu s'emparer des batteries, défendues à la fois par des canonniers et des soldats.

Les Prussiens aimaient mieux croire à une méprise et faisaient des signaux, lorsqu'une deuxième et une troisième décharge rendit le doute impossible : les batteries étaient au pouvoir des Français !

Ils se débandèrent alors, mais il était trop tard. Les boulets les poursuivirent et plus de la moitié de cette troupe mordit la poussière.

Tandis que le colonel mettait l'ennemi en fuite de ce côté, il voyait avec inquiétude d'autres colonnes prussiennes s'avancer de diverses directions à la fois, au pas de charge : elles se rendaient au bruit du canon.

Aussi, quand le colonel vit en fuite la troupe prussienne qui se disposait à lui barrer le passage, il donna l'ordre d'enclouer les canons et de hâter la retraite en enlevant les blessés.

Comme les paysans, dans leur enthousiasme, se croyaient invincibles, ou ne pensaient plus au péril après avoir vaincu tant d'obstacles, le colonel, s'étant appuyé sur le bras d'un soldat, s'écria :

— Dispersez-vous, mes braves. Dans dix minutes les ennemis seront ici au nombre de trois à quatre mille.

Mais, malgré les ordres du capitaine, plusieurs paysans restaient en arrière et s'acharnaient sur les canons qui leur avaient fait tant de mal, comme si un clou ne suffisait pas pour les rendre à jamais inoffensifs.

Ce qui rendait les paysans si imprévoyants, c'est qu'ils n'apercevaient pas les ennemis s'avançant pour les surprendre derrière les batteries, qui, étant placées en amphithéâtre en face du château, rendaient, par le fait même de cette disposition, toute résistance impossible à la marche des colonnes ennemies qui s'avançaient du côté opposé.

Toutefois la présence de quelques soldats sur les canons ne fut pas inutile pour protéger la retraite. Les Prussiens, craignant un piège, ne s'avancèrent vers la butte qu'avec une sage lenteur, qui permit au colonel et à ses hommes de franchir une grande distance, avant que l'on s'occupât d'eux.

Les quelques paysans qui étaient restés auprès des canons, voyant l'hésitation de l'ennemi, se donnèrent même le malin plaisir de faire sur eux une décharge générale, qui jeta le trouble dans leurs rangs.

Quand les Prussiens se décidèrent enfin à monter à l'assaut, ils furent très étonnés de n'éprouver aucune résistance.

Ce silence absolu les effraya plus qu'une vive fusillade : les généraux se demandèrent à quel piège ils allaient se heurter.

Du haut de la butte, ils apercevaient bien, à l'aide du crépuscule qui commençait à poindre, la petite troupe du colonel qui s'éloignait avec rapidité et qui était déjà hors de portée ; puis, plus près, dispersés dans la plaine, les quelques paysans qui étaient restés les derniers sur la butte. Mais, n'ayant pas assisté aux péripéties de l'attaque des batteries, ces Prussiens se refusaient à croire qu'une petite troupe de cent cinquante à deux cents paysans eussent accompli de tels prodiges de valeur.

Et cependant ils apercevaient gisant sur la butte, et plus loin étendus dans la plaine, plus de trois cents cadavres de leurs canonniers et de leurs soldats, auxquels étaient mêlés vingt-cinq à trente francs-tireurs qui avaient été ensevelis dans leur triomphe.

Laissons les généraux prussiens à leur étonnement sur la butte aux Ormeaux et transportons-nous au château de Wernel, où, aussitôt après le départ du colonel Lamborel et du capitaine Emporte-Pièce, le brave et prévoyant lieutenant Lallier s'efforça de se rendre digne de la responsabilité de la défense du château, qui reposait tout entière sur lui en l'absence de ses chefs.

Le lieutenant envoya des éclaireurs de divers côtés, et à une assez grande distance du château, afin d'être averti si l'ennemi se ménageait une attaque nocturne : la présence de l'espion prussien que le capitaine avait entrevu et contre lequel le colonel avait lancé son poignard, n'était pas de nature à le rassurer.

Cependant ses éclaireurs étaient partis depuis une demi-heure et aucun n'était de retour.

— Pas de nouvelles, bonnes nouvelles, se disait le lieutenant.

Mais s'il commençait à moins redouter une attaque contre le château, il n'était pas sans inquiétude sur le succès de l'expédition dirigée contre les batteries prussiennes. Il ignorait que la petite troupe s'était divisée en deux escouades; aussi ne fut-il pas peu surpris d'entendre le bruit d'un combat prolongé du côté de la fosse Bazin.

Il cherchait en vain à en pénétrer le mystère, lorsqu'un de ses éclaireurs vint lui apprendre qu'une colonne prussienne s'avançait à pas de loup pour surprendre le château du côté du village, que les habitants avaient quitté pour se mettre à l'abri sous les hautes tours féodales.

— A quelle distance sont-ils ? demanda le lieutenant.

— Comme j'ai couru pour venir au plus tôt vous

avertir et que les Prussiens ne s'avancent que lentement et avec prudence, dans la crainte d'une surprise, j'ai tout lieu de supposer qu'ils ne seront pas au pied des murs avant vingt minutes.

— Très bien, Henri, fit le lieutenant; nous les attendrons de pied ferme.

Mais comme les Prussiens se ménagent d'ordinaire plusieurs ruses à la fois, il faut redoubler de prévoyance, dit-il à un sergent qui l'accompagnait.

Tandis que je vais tout préparer pour recevoir, du côté du nord, les Prussiens d'une manière digne d'eux et qui leur ôte à l'avenir toute envie et tout espoir de nous surprendre, allez recommander aux divers postes de redoubler de surveillance et de ne pas se troubler de l'attaque qui va avoir lieu.

Et il se dirigea vers le point menacé.

A peine eut-il pris toutes ses dispositions, qu'un autre éclaireur vint le renseigner sur le combat de la fosse Bazin.

— Ayant entendu, dit-il, une vive fusillade, je me dirigeai, le premier moment d'étonnement passé, en toute hâte d'abord, puis en rampant, vers le lieu du combat.

Je suis descendu pas à pas dans la fosse, mais là qu'ai-je vu ?

Vous ne devineriez jamais, lieutenant...

— Mais parle donc, ordonna le lieutenant Lallier avec un geste d'impatience; il n'y a pas de temps à perdre.

— Eh bien, j'ai vu le capitaine Emporte-Pièce qui tenait tête à une fourmilière de Prussiens et qui les mitraillait de plus belle.

— Et le colonel Lamborel? demanda Lallier.

— Je ne l'ai pas même entrevu.

— Je comprends, fit bientôt Lallier. Le colonel a attaqué la butte aux Ormeaux, pendant que le capitaine combattait à la fosse Bazin. Mais comment et pourquoi se sont-ils séparés ?

Tandis qu'il cherchait à résoudre ce problème insoluble pour lui, parce qu'il n'en avait pas les données, son attention fut attirée vers une affaire qui le touchait de plus près, l'attaque du château : un coup de fusil, suivi d'une décharge, lui révéla l'approche de l'ennemi.

Aussitôt il se transporta au centre de la lutte qui allait avoir lieu.

Les Prussiens avaient amené sans bruit, en entourant les roues de paille et de chiffons, plusieurs pièces de canon dont ils espéraient ne pas faire usage, parce qu'ils comptaient surprendre les défenseurs du château pendant leur sommeil. La ruse est l'arme favorite des Prussiens; dans la guerre malheureuse de 1870-71, ils n'ont livré sérieusement aucun assaut et jamais ils n'attaquèrent nos troupes en rase campagne que lorsqu'ils étaient bien supérieurs en nombre.

Là cependant le colonel Fritz, qui commandait l'expédition, dut marcher de l'avant. C'est qu'il avait l'ordre formel d'attaquer à une heure précise et qu'il comptait sur le concours du général qui venait d'être arrêté, surpris, écrasé par les braves paysans commandés par le capitaine Emporte-Pièce, qui avait transformé la fosse Bazin en tombeau pour un grand nombre d'ennemis.

Ce fut en vain que le colonel Fritz, soutenu par son artillerie, ramena trois fois ses troupes à l'assaut; elles se heurtèrent toujours à des redoutes vaillamment défendues. A la dernière attaque cependant, les assaillants obtinrent un succès qui aurait pu tout compromettre, si le lieutenant Lallier, à la tête de quelques braves, ne se fût précipité sur les ennemis qui venaient de s'emparer d'un mamelon d'où ils auraient soutenu avantageusement l'assaut. Une lutte corps à corps dura plus de cinq minutes; dans cette horrible mêlée le colonel Fritz étant tombé sous l'épée du lieutenant, ses soldats découragés s'enfuirent.

La mort du colonel et la fuite précipitée des soldats qu'il commandait jetèrent le découragement dans le régiment tout entier, qui dut reculer sous l'attaque furieuse des assiégés, que le succès avait enhardis et que soutenait l'artillerie, qui du haut des remparts écrasait les colonnes ennemies.

Le lieutenant-colonel prussien, voyant ses troupes découragées et n'entendant pas le mouvement de l'attaque que le général aurait dû tenter en même temps d'un autre côté du château s'il n'avait pas été arrêté à la fosse Bazin, donna l'ordre de la retraite, de sorte que le général, à son arrivée, après un retard d'une heure sous les murs du château avec les cinq cents hommes dont il s'était en vain efforcé de relever le courage, se trouva en face des forces commandées par le lieutenant Lallier et des hommes que le capitaine Emporte-Pièce avait ramenés après l'expédition de la fosse Bazin.

La lutte ne fut pas un instant douteuse. D'assiégeants les Prussiens devinrent en quelque sorte assiégés, car le capitaine et le lieutenant, pour avoir plus facilement raison de l'ennemi, le laissèrent tenter un assaut impossible, pendant lequel ils firent une sortie qui le surprit par derrière, et lui coupa la retraite.

Cernés de toutes parts, les Prussiens découragés levèrent la crosse.

Aussitôt les paysans cessèrent le feu. Mais, ô trahison ! au moment où ils s'avançaient sans défiance, les Prussiens épaulèrent et tirèrent sur eux à bout portant.

Cette trahison devait leur être fatale, car, la colère décuplant les forces de nos soldats, ils s'élancèrent sur leurs ennemis, que les canons des remparts criblèrent aussi de mitrailles.

Quelques minutes après leur infamie, il ne restait plus de ces traîtres que quelques fuyards et des blessés, que dans leur rage les paysans voulaient égorger, malgré les efforts du capitaine et du lieutenant qui leur faisaient un rempart de leurs corps.

— Laissez-nous tuer ces misérables! s'écriaient les paysans.

— On ne tue pas un ennemi désarmé !

— Ce sont des traîtres ; ils ont levé la crosse.

— Vous êtes des soldats, et non des assassins.

Malgré les efforts surhumains de leurs chefs, les paysans s'efforçaient de s'emparer encore de leurs ennemis ; c'est que la vue de leurs braves compagnons qui étaient étendus sans vie à leurs pieds par le fait de la trahison excitait un désir, une soif de vengeance que la mort seule des coupables semblait pouvoir satisfaire, lorsque soudain le curé de Wernel apparut sur le haut des remparts, la croix à la main, et s'écria :

— Au nom du Christ qui a pardonné à ses bourreaux, pardonnez à vos ennemis.

A cette vue les plus exaltés regardèrent étonnés et se calmèrent peu à peu.

La religion avait vaincu une fois de plus les passions humaines.

XV

LA TENTE DU GÉNÉRAL PRUSSIEN

Le général en chef Vogelsang qui commandait les Prussiens devant le château de Wernel, se promenait de long en large avec impatience dans sa tente, entouré d'un nombreux état-major suivant d'un regard anxieux les divers sentiments qui se reflétaient sur sa figure franche et expressive. C'est que le général était à la fois aimé et craint. Les soldats aussi bien que les officiers étaient également l'objet de sa sollicitude. Et quand il infligeait une punition, celui-là même qui était atteint ne se plaignait pas, parce que la faute avait toujours été dûment constatée avant la répression. Il n'était inexorable que pour la paresse et le mauvais vouloir !

— Enfin ! dit le général en voyant entrer un capitaine qui arrivait tout poudreux et le visage baigné de sueur.

— Je suis quelque peu en retard, général, dit l'officier, mais vraiment il n'y a pas...

— Je ne doute nullement, capitaine, de votre courage et de votre énergie. Si vous vous êtes fait attendre, je suis convaincu qu'il n'y a pas de votre faute, surtout dans une mission aussi hérissée de difficultés. Eh bien! avez-vous des nouvelles du général Libermann?

— Je l'ai, hélas! trouvé au milieu des braves tombés au champ d'honneur au pied des murs du château, que, malgré sa blessure, il a voulu escalader.

— Hélas! cher et brave ami! il aura préféré mourir les armes à la main que de survivre à sa défaite.

Et le général en chef se détourna pour essuyer une larme.

Tous les officiers étaient vivement émus. Ils partageaient la douleur de leur général, qui perdait à la fois un ami d'enfance et un frère d'armes

Le sentiment de la vengeance ne tarda pas à succéder à la douleur et à s'emparer de l'âme de Vogelsang.

— Je le vengerai, s'écria-t-il, en frappant sur le pommeau de son épée.

— Nous le vengerons, répétèrent les officiers.

— Il ne restera pas pierre sur pierre de cette bicoque, au pied de laquelle mon brave ami est

11

tombé; je ferai passer au fil de l'épée tous les francs-tireurs qui ont eu l'audace de nous attaquer, de nous surprendre; je n'épargnerai ni leurs femmes ni leurs enfants. Il ne faut pas qu'un seul Français puisse raconter notre défaite.

Tels étaient les cris de vengeance qui s'échappaient de la poitrine de cet homme naturellement bon, qui, dans la vie privée, se serait empressé auprès de la moindre souffrance.

Vraiment on ne saurait trop déplorer la guerre, qui met des armes homicides dans les mains de soldats, de frères en Jésus-Christ, qui s'entre-déchirent sans se connaître; la guerre qui éteint sur le champ de bataille les meilleurs sentiments : la pitié, la commisération; la guerre enfin qui développe les mauvais instincts et les transforme en passions et même en crimes.

Le général, se calmant peu à peu, ajouta :

— Nous n'avons été que trop longtemps arrêtés par cette bicoque, que le génie d'un homme a transformée en une redoutable forteresse...

Oui, messieurs, il y a un homme de génie et d'un courage indomptable à la fois qui a présidé à la défense et dirigé l'attaque.

A lui seul je ferais grâce, s'il tombait vivant entre nos mains.

— A la cause de nos maux, de notre douleur?

objecta timidement et à voix basse un jeune officier:

— Rappelez-vous, lieutenant, dit le général avec un accent où se révélait toute sa grandeur d'âme, rappelez-vous que l'histoire a toujours regretté la mort d'Archimède et que ses ennemis eux-mêmes la déplorèrent.

Les hommes de génie sont assez rares dans tous les temps et chez tous les peuples pour qu'on fasse une exception en leur faveur.

En parlant ainsi le général se laissait aller tout naturellement à sa bonté et à son esprit d'équité, qui lui faisaient rendre justice aux mérites même d'un ennemi, et qui le servaient en cette circonstance, car sa défaite s'expliquait mieux, était moins déplorable, si les obstacles qu'il avait rencontrés, si la surprise qui l'avait vaincu, étaient le fait de la conception d'un génie.

— Maintenant, ajouta-t-il, il reste à réparer autant qu'il est en nous la perte de tant de braves qui ont succombé à la butte aux Ormeaux, dans la fosse Bazin et au pied des remparts. C'est dans ce but que je vous ai réunis en conseil. Les résolutions les plus énergiques doivent être prises.

La séance est ouverte. Chacun peut donner son avis.

Comme les officiers par déférence gardaient le silence, le général en chef continua :

— Je sais que l'attaque rencontrera d'autant plus de difficultés que les canons de nos batteries de la butte aux Ormeaux sont encloués ; que plus de deux mille de nos braves sont tués ou hors de combat. Mais nous pourrons encore former un parc d'artillerie formidable, en réunissant toutes les bouches à feu que nous avions réparties aux divers points stratégiques. Le soleil ne doit pas se coucher avant que nous ayons exercé de terribles représailles, que nos morts ne soient vengés par l'extermination de nos ennemis.

Le général s'était animé en rappelant les pertes qu'il avait éprouvées, et quand il termina son discours, toute son ardeur guerrière, l'indignation de sa défaite, ses désirs de vengeance se reflétaient dans ses regards qui semblaient prêts à lancer la foudre.

Et tel était le don de parole du général que toutes ses impressions se communiquaient comme un fluide électrique à ses auditeurs, qui s'écrièrent :

— Aux armes ! aux armes !

— Oui, aux armes, messieurs, s'écria aussi le général en tirant son sabre du fourreau.

Mûs par le même sentiment, les officiers tirèrent leurs sabres en criant :

— Mort et vengeance !

Ce moment d'exaltation passé, le général donna à chacun ses instructions. Il était neuf heures du matin ; à midi tous les canons devaient être réunis à la butte aux Ormeaux, dont la garde défierait cette fois toute surprise.

— A une heure, dit le général, le château sera criblé de boulets; notre courage fera le reste.

Tandis que les Prussiens s'armaient pour la vengeance, en s'appuyant sur la force de leurs bras et sur le pouvoir destructeur de leurs canons, le pieux abbé Deguy implorait le Dieu de mansuétude et s'offrait en holocauste pour le salut de son craintif troupeau.

XVI

LE PASSAGE SECRET.

Pendant que les Prussiens méditaient leur attaque, le colonel Lamborel ne restait pas dans l'inaction ; il ne se reposait point sur ses lauriers ; c'est qu'il connaissait assez ses ennemis pour ne pas douter qu'ils s'efforceraient de se venger au plus tôt de leur double défaite. N'étaient-ils pas attendus depuis trop longtemps déjà sous les murs de Metz !

Aussi, après avoir donné à ses troupes quelques heures à peine d'un repos indispensable, le colonel occupa tout le personnel du château à réparer les brèches faites la veille par l'artillerie ennemie.

— Si je puis disposer de vingt-quatre heures, disait Lamborel dans l'exaltation de la victoire, je rendrai Wernel imprenable.

Cependant l'exaltation ne le rendait pas imprévoyant. Du haut des remparts, il remarquait les divers mouvements des Prussiens. Quoiqu'ils s'efforçassent de se dissimuler, le colonel n'avait pas tardé à comprendre la tactique de ses ennemis, qui concentraient toute leur artillerie à la butte aux Ormeaux.

C'était un mouvement fatal qu'il ne pouvait entraver; car il ne lui restait pas l'espoir de surprendre une seconde fois les Prussiens.

Aussi pressait-il les travaux. Sous son active impulsion, les murs se relevaient. Déjà ils avaient atteint la hauteur de vingt pieds, lorsque soudain une décharge d'artillerie vint ébranler le rempart et atteindre plusieurs ouvriers-soldats au milieu de leurs travaux.

A peine le colonel avait-il donné l'ordre aux canons du château de répondre à l'ennemi qu'une seconde décharge, suivie de près de plusieurs autres, anéantit ses éléments de défense.

— Que faire? se demanda le colonel.

— Attendre l'assaut et vendre chèrement sa vie.

Pour le colonel tout était perdu; mais le curé de Wernel priait.

Il priait dans la bibliothèque où pendant si longtemps il avait recherché dans les parchemins poudreux quelque indice du passage secret qui pouvait dérober ses ouailles à la vengeance des Prussiens.

Ce n'était qu'un cri de terreur dans tout le

château ; les femmes, les enfants, les vieillards se pressaient les uns contre les autres. Ils poussaient vers le ciel des gémissements lamentables. Les coups de canon se succédaient avec une telle violence que la présence du curé de Wernel, qui venait de se rendre auprès de son troupeau, fut impuissante à ramener le calme et l'espérance.

Lorsqu'il vit qu'il lui était impossible de réagir par le raisonnement sur les esprits frappés du vacarme épouvantable des boulets qui ne cessaient d'ébranler les murs de la chapelle, le curé de Wernel s'agenouilla et pria le Tout-Puissant, qui dispense à son gré le courage aux plus timides ou jette l'épouvante dans le cœur des plus intrépides. Il se rappelait Sennachérib fuyant honteusement après la perte de son armée qui avait succombé sous le souffle de la colère divine. Et, sans souhaiter la mort des Prussiens, il demandait à Dieu de lui fournir le moyen de soustraire ses paroissiens à leurs atteintes.

Quelques vieillards se joignirent à leur curé et supplièrent aussi le Dieu de miséricorde d'avoir pitié de leurs familles. Ils offraient bien volontiers leur vie en holocauste ; n'avaient-ils pas assez vécu, assez souffert pendant les longues années d'une longue existence ? Vraiment, lorsqu'on atteint le déclin de la vie, quand les illusions de la jeunesse et l'ambition de l'âge mûr ont fait place à la lassitude qui est au fond de toute chose humaine, comme le poison se trouve au fond d'une coupe qu'on a couronnée de fleurs ; oh ! alors on sent le besoin de se sacrifier pour les siens, et un bon chrétien le fait sans regret, parce qu'il a la certitude d'une autre vie où le bonheur est sans mélange.

Le saint abbé était depuis quelque temps déjà plongé dans une sorte d'extase, lorsqu'il fut rappelé aux soucis de la vie par une voix qui lui disait en le touchant légèrement à l'épaule :

— Monsieur le curé, venez vite.

— Ah ! fit l'abbé, c'est vous, monsieur le docteur !

— Un malade est sur le point de mourir et réclame le secours de votre ministère.

— Je vous suis, monsieur le docteur, dit le curé qui s'était levé aussitôt pour marcher où le devoir l'appelait.

A peine fut-il sorti de la chapelle que le curé s'informa avec empressement du patient. C'est qu'il portait un grand intérêt à ses paroissiens et même aux habitants des villages voisins, dont il s'occupait comme de ses ouailles depuis qu'ils s'étaient enfermés dans les murs du château pour concourir à la défense de la patrie.

— Est-ce un habitant de Wernel, monsieur le docteur? demanda-t-il.

— Non, je le crois de Frasel.

— Son nom?

— Si je ne me trompe, il s'appelle Walter.

— Un ouvrier serrurier?

— C'est cela.

— Quel malheur va frapper cette famille! Ce brave homme relève à peine d'une grave maladie, et pendant plusieurs mois sa femme et ses huit enfants n'ont vécu que grâce aux secours que mon confrère de Frasel leur a prodigués avec le dévouement que vous lui connaissez.

— Certes, je connais ce bon pasteur, et vraiment je dirais bien haut qu'il n'a point d'égal dans le canton, si mon brave ami Deguy n'existait pas, ce que je regretterais beaucoup.

— Que dites-vous là, monsieur le docteur *Sapience*, dit le curé de Wernel avec une intonation toute particulière.

— La vérité! N'êtes-vous pas mon meilleur ami?

— Soit.

— N'êtes-vous pas aussi la perle du canton?

— Silence. Prenez garde qu'on vous entende. Vous pourriez perdre votre nom en affirmant de telles énormités.

— Énormités!

— Si nous n'étions pas dans des circonstances

aussi douloureuses, j'ajouterais que vous risqueriez fort, en parlant de la sorte, de vous faire appeler à l'avenir docteur *Démence*.

Et le saint abbé, pour couper court à cette conversation, récita son chapelet.

Le docteur s'unit à lui dans le même acte pieux.

Il est bien regrettable que peu de médecins soient religieux. Dans les collèges, les jeunes gens perdent peu à peu le souvenir des enseignements pieux de leur enfance. Les passions aidant, ils se font ou se disent matérialistes, pour se dispenser des pratiques religieuses, endormir leur conscience, étouffer leurs remords.

Ah! si la France possédait beaucoup de médecins aussi pieux que le docteur Sapience, que d'âmes seraient arrachées aux griffes du démon! Le curé serait averti à temps des dangers que courent les malades, et ceux-ci ne seraient pas surpris par une mort que l'art seul peut pressentir.

La vaste salle du château, qui avait été transformée en infirmerie, présentait un aspect vraiment lamentable. Des paysans, valeureux soldats, qui se précipitaient quelques heures auparavant contre leurs ennemis, couvrant en quelque sorte leur patrie de leurs généreuses poitrines, se trouvaient maintenant étendus sans mouvement, les jambes brisées, le corps troué de balles, la tête même atteinte et penchée sans mouvement sur un douloureux oreiller.

Laissons le curé de Wernel s'approcher du blessé que la mort a atteint de son aile : les mystères de la religion qui console l'agonisant sur son lit de souffrances sont impénétrables !

Tandis que le curé donnait la suprême absolution au pénitent, un boulet pénétrant dans l'infirmerie atteignit à la tête un blessé, et, chose horrible à raconter ! les éclats de sa cervelle rejaillirent jusqu'aux pieds du ministre de Dieu, qui, tout entier aux choses célestes, continua sans s'émouvoir son saint ministère. La peur ne peut atteindre le prêtre, qui doit toujours être prêt au suprême voyage.

Le docteur Sapience, dont la mission avait plus trait aux choses de la terre, se précipita vers l'homme qui venait d'être atteint ; mais ce n'était plus qu'un cadavre méconnaissable.

Tout en continuant à soigner les blessés, le docteur jetait un coup d'œil au loin vers les Prussiens, dont les mouvements devenaient offensifs : ils s'avancèrent d'abord en colonnes serrées, tant qu'ils furent hors de la portée des bouches à feu du château ; puis ils se dissimulèrent derrière les arbres, les rochers, le moindre tertre, rampant comme des serpents et guettant leur proie comme des tigres ; puis, s'élançant comme des lions furieux, ils montèrent à l'assaut.

Les murs écroulés semblaient ne devoir leur opposer qu'un faible obstacle. Combattant vingt contre un, ils espéraient écraser le courage sous le nombre.

Mais ils comptaient sans les ressources militaires du colonel Lamborel, qui, se voyant dans l'impossibilité de relever les murs, avait aussitôt établi une vaste mine, qui sauta sous les pieds des assaillants et en lança plus de cinq cents dans les airs.

Ce fut un spectacle épouvantable, qui était bien de nature à faire reculer les plus intrépides : on ne voyait que bras, jambes, têtes, lambeaux épars. Déjà les Prussiens commençaient à lâcher pied, lorsque le général en chef, qui commandait lui-même l'attaque et qu'une blessure, loin de l'émouvoir, rendait plus furieux encore, s'emparant d'un drapeau, s'élança lui-même à l'assaut pour venger sa défaite et la perte de ses braves. La vue de leur général qui courait au-devant de la mort rendit le courage aux plus effrayés ; ils s'élancèrent à sa suite, l'atteignirent, le devancèrent, le couvrirent de leurs poitrines. Ce fut une horrible mêlée, dans laquelle on combattait corps à corps, où les assaillants étaient précipités du haut des remparts, se brisant la tête contre les murs écroulés, entraînant parfois après eux leurs ennemis auxquels ils s'accrochaient.

N'ignorant pas que, s'ils tombaient vivants aux mains des Prussiens, ils seraient fusillés comme francs-tireurs, les paysans combattaient en furieux, et vingt fois ils repoussèrent l'ennemi, qui croyait toujours tenir la victoire.

Le combat durait déjà depuis plus d'une heure, le colonel et le capitaine voyaient les forces de leurs soldats diminuer avec le nombre, lorsqu'un paysan envoyé par l'abbé Deguy vint lui dire :

— Colonel, M. l'abbé Deguy a découvert le passage secret.

Cette nouvelle étonna tellement le colonel qu'il manqua un soldat qui était parvenu jusqu'au haut des remparts et qu'il tenait au bout de son épée ; il reçut même une blessure, qui heureusement était légère et ne l'empêcha pas d'atteindre mortellement ensuite son adversaire.

Puis, se retournant vers son interlocuteur, le colonel dit d'un air où se lisaient le doute et l'étonnement :

— Ne me disiez-vous pas que M. le curé avait découvert le passage secret ?

— Oui, colonel.

— Où donc ?

— Dans la bibliothèque.

— Comment a-t-il fait cette découverte ?

— En voulant cacher dans un des rayons les vases sacrés, afin de les préserver des profanations de ces hérétiques...

— Un instant, dit le colonel, qui venait d'apercevoir un groupe de Prussiens dont un mouvement tournant tendait à le surprendre sur un point des remparts qui n'était que faiblement gardé.

— Capitaine Emporte-Pièce, s'écria-t-il, prenez garde!

Et du doigt il lui indiqua les rusés ennemis dont il fallait repousser l'attaque au plus tôt.

Quand il fut rassuré de ce côté, le colonel, tout en suivant les péripéties de l'attaque et de la défense, reprit la conversation qui l'intéressait à un si haut point :

— Ce que vous me dites ne m'explique pas clairement comment la découverte a été faite.

— Ah ! j'oubliais, colonel, de vous dire qu'au moment où M. le curé, après avoir placé au fond des rayons, les vases sacrés, s'occupait à les dissimuler derrière une rangée de gros in-folio, un boulet pénétra dans la salle avec un fracas épouvantable, et ébranla le mur contre lequel s'appuyait le rayon même où se trouvaient les vases sacrés. — Grand Dieu ! s'écria M. le curé.

Je fermai les yeux et me bouchai les oreilles.

— Poltron ! fit le colonel.

Le paysan restait immobile et tout interdit, son

imagination lui rappelait l'objet de son épouvante et le terrifiait encore.

— Mais continuez donc, fit avec force le colonel, et arrivez au dénouement.

— Quand je rouvris les yeux, dit enfin le paysan, M. le curé tenait les vases sacrés à la main et se penchait vers une large ouverture béante.

— Merci, mon Dieu, disait M. le curé avec un élan de reconnaissance que je n'oublierai jamais, merci de nous avoir indiqué le passage qui nous permettra, si nous en sommes dignes, de sauver ces bons paysans, ces vaillants défenseurs de la religion et de la patrie.

Puis, se tournant vers moi, il ajouta :

— Courez au plus tôt instruire le colonel de ce que vous avez vu, afin qu'il prenne ses dispositions et dirige la défense de façon que ses soldats puissent, si c'est possible, échapper à la mort, en fuyant par le passage secret, que je déroberai à la vue des ennemis aussitôt que tous les habitants seront en sûreté.

— Oh ! je le reconnais bien là, dit le colonel ; il se sacrifiera pour le salut de tous.

C'est fort bien ! c'est digne de lui, mais je ne le laisserai pas se sacrifier seul.

— Ah ! colonel, il faut encore que je vous dise que M. le curé s'est aussitôt empressé de se rendre à la chapelle et conduit en ce moment les femmes, les enfants, les vieillards dans le passage secret, tandis que M. le docteur Sapience, que j'ai averti en passant, prend ses dispositions pour y faire transporter les blessés.

—Parfait! Qu'ils agissent; et avant de parvenir jusqu'à eux, les Prussiens devront nous passer sur le corps.

Courez dire à M. le curé et au docteur que nous allons tenter un effort suprême pour faire reculer l'ennemi, et qu'ils m'avertissent aussitôt que tout le monde sera introduit dans le souterrain.

L'envoyé de M. l'abbé Deguy retourna en toute hâte à la bibliothèque pour lui rendre compte de sa mission.

Quel spectacle s'offrit à sa vue! Les habitants renfermés dans la chapelle s'étaient précipités vers la bibliothèque aussitôt qu'on leur avait annoncé la bonne nouvelle: la découverte du passage secret.

Mais, comme les vieillards accablés par l'âge, les femmes avec leurs enfants qu'elles portaient sur leurs bras ou qui les suivaient en pleurant et en les tenant par les jupons, avaient éprouvé des retards dans leur marche, ils arrivèrent à l'ouverture du souterrain en même temps que les malades et les blessés, que le docteur Sapience s'était empressé de faire transporter et de dérober à la vengeance prussienne.

La peur rendait égoïste ; et comme l'ouverture ne donnait guère passage qu'à une seule personne, on se pressait, on se bousculait ; les blessés eux-mêmes, qui avaient pu se traîner jusque-là, n'étaient pas respectés.

Afin d'éviter un plus grand encombrement, le docteur attendit que toutes les personnes valides fussent entrées dans le souterrain pour y transporter les blessés, qui gémissaient de crainte et de douleur. Quelle horrible situation d'entrevoir la mort qui court après soi et de se sentir impuissant à faire quelque effort pour lui échapper !

Telle était la situation de plus de trente blessés, qui eussent péri sans le dévouement du saint abbé Deguy et du pieux docteur Sapience.

— Eh bien ! demanda l'abbé à son émissaire aussitôt qu'il l'aperçut, avez-vous vu M. le colonel Lamborel ?

— Oui, il combat comme un brave.

— Le contraire m'étonnerait.

— Mais qu'a-t-il dit de la bonne nouvelle ?

— Qu'il allait tenter un effort suprême pour repousser l'ennemi et vous donner le temps de mettre en sûreté ceux qui ne peuvent combattre.

Mais il m'a bien expressément recommandé de vous prier de l'avertir aussitôt que toutes les personnes réfugiées dans le château seraient dans le souterrain. Il prendra alors les résolutions que les circonstances lui inspireront, pour permettre aussi à ses soldats de se dérober dans le passage secret.

— Fort bien. Aidez-nous, et quand le moment sera venu, vous voudrez bien, n'est-ce-pas, vous rendre de nouveau auprès du colonel?

— Je suis à vos ordres, monsieur le curé.

Tandis que l'abbé Deguy et le docteur accomplissaient leur mission de dévouement, le colonel Lomborel réfléchissait, tout en combattant, aux moyens de dissimuler sa retraite aux Prussiens et de faire gagner successivement à ses troupes le souterrain sans être trop inquiété par l'ennemi.

— Comment faire? se disait-il. Tenter une sortie générale, tomber comme la foudre sur l'ennemi?

Il n'y faut pas songer, car il y aurait à craindre que les Prussiens, revenus de leur premier mouvement de surprise, ne s'élancent sur les assaillants à découvert et ne nous écrasent sous le nombre.

Miner les remparts et les faire sauter?

Mais le temps ferait défaut.

Le colonel était dans une perplexité pénible, ne sachant que résoudre, lorsqu'il vit accourir l'émissaire du curé de Wernel.

— Eh bien? fit-il au paysan

— C'est fait, M. le colonel.

— Hélas! je me sens dans l'impossibilité d'agir.

Tout à coup une pensée lumineuse surgit à son esprit :

— Merci, mon Dieu ! s'écria-t-il, mille fois merci ! Vous êtes trop bon.

Puis, s'adressant au paysan, il lui dit :

— Allez dire à M. l'abbé que dans dix minutes nous serons auprès de lui.

Le colonel détacha successivement des hommes de chaque escouade, qu'il dissimula derrière des monticules et des pans de mur écroulés qui se trouvaient à quelque distance des remparts; puis il ordonna à ses troupes de reculer précipitamment comme si elles prenaient la fuite.

Les Prussiens, se croyant enfin victorieux, poussèrent des hourrahs ! Mais à peine avaient-ils fait cent pas qu'ils furent reçus à bout portant par des décharges répétées d'ennemis invisibles. La terre fut bientôt couverte de leurs cadavres. La terreur s'emparant de leur esprit, ils prirent la fuite.

Sans perdre un instant, le colonel ordonna la retraite et fit prendre à ses hommes au pas de course le chemin de la bibliothèque, où l'abbé Deguy les attendait.

— Sauvés ! s'écria le colonel.

En effet il était à supposer que les Prussiens perdraient quelque temps avant de reprendre l'offensive et qu'il leur serait impossible, ne connaissant pas le château, d'atteindre les paysans avant qu'ils ne se fussent rendus invisibles dans le souterrain.

Comme le colonel l'avait espéré, les paysans arrivèrent jusqu'à la bibliothèque sans être inquiétés. Mais le temps s'écoulait, malgré la rapidité des mouvements : l'ouverture du passage secret ne permettait qu'à une seule personne de passer à la fois.

Quand les soldats et les officiers eurent tous pénétré dans le souterrain, une contestation qui s'éleva entre le colonel, le capitaine et le curé de Wernel faillit tout compromettre. Et cependant cette contestation avait le dévouement, le sacrifice même de la vie pour objet.

— Capitaine passez, dit le colonel.

— Mon colonel, c'est à moi de me sacrifier pour sauver les paysans de Wernel, auxquels je suis uni par les liens du sang et de l'amitié. C'est déjà beaucoup que vous nous ayez prêté votre concours.

— Allons donc, c'est moi qui commande, obéissez.

— Mais, colonel...

— Je l'ordonne.

L'obéissance passive, à laquelle le capitaine était accoutumé, ne lui permettait pas de résister à cet ordre.

Il obéit, mais avec une répugnance visible.

— A votre tour, monsieur le curé, dit ensuite le colonel.

— Le bon pasteur, colonel, donne sa vie pour son troupeau. C'est à moi qu'incombe le devoir de rester le dernier. Puis, soit dit sans flatterie pour vous et sans ostentation pour moi, vous savez mieux manier l'épée que les volumes et il faudra dissimuler avec soin le passage derrière de gros in-folio.

A quoi pourrais-je être utile dans le souterrain, tandis que votre longue expérience des sièges et le séjour des casemates vous fourniront le moyen de trouver l'issue du passage secret : il faut éviter surtout que ces malheureux meurent de faim, que ce souterrain ne devienne leur tombeau.

— Cependant.....

— A chacun notre devoir, colonel...

— Entendez-vous ? L'ennemi approche...

— De grâce, colonel ; il y va de leur vie à tous.

— Hélas !

— En avant, colonel, en avant.

— Il le faut ! s'écria le colonel, en disparaissant dans le souterrain.

Aussitôt l'abbé Deguy superposa les in-folio de façon à masquer l'ouverture ; mais hélas ! il agissait avec une telle rapidité qu'un instant son édifice fut sur le point de crouler.

— Mon Dieu! mon Dieu! ayez pitié d'eux, s'écria-t-il, en entendant les pas des soldats ennemis qui approchaient, montant l'escalier.

Il s'efforçait de perfectionner ce rempart d'un nouveau genre, lorsque le parquet du corridor s'ébranla sous les pas des assaillants. Craignant d'être surpris dans son travail, et d'indiquer ainsi, bien involontairement la retraite de ses protégés, l'abbé Deguy se précipita vers un prie-Dieu qui se trouvait dans un coin de la bibliothèque.

Il priait, ou plutôt il s'efforçait en vain de prier depuis quelques instants à peine, car sa pensée se reportait malgré lui vers ses ouailles, dont il était séparé de quelques pas seulement, mais peut-être pour toujours, lorsque la porte de la bibliothèque s'ouvrit et une voix de Stentor cria:

— Mais c'est étrange! Où sont passés ces fuyards?

L'abbé Deguy ayant fait un mouvement, la même voix huria:

— Enfin en voilà un! Il paiera pour tous les autres.

Et, sans pitié pour un ennemi désarmé, sans respect pour un ministre de Dieu, ce fils de l'hérésie visa la victime qui s'était dévouée pour le salut de tous.

Un cri s'échappa de la poitrine du curé de Wernel qu'une balle venait d'atteindre; ses mains crispées s'efforcèrent de s'arc-bouter au prie-Dieu qui céda et roula à terre.

L'esprit du bon pasteur avait fait à Jésus crucifié le sacrifice de sa vie, mais la nature s'était rattachée instinctivement à la terre.

XVII

LES RÉFLEXIONS DU COLONEL.

Au bruit de la détonation, le colonel, qui ne s'était éloigné qu'à regret du danger, porta la main à son épée et retournait déjà sur ses pas, lorsqu'il fut arrêté par le capitaine Emporte-Pièce.

— Qu'allez-vous donc faire ? demanda le capitaine.

— Marcher au secours de ce bon curé.

— Mais vous allez tout perdre !

— Puis-je le laisser égorger sans lui venir en aide ?

— Il est maintenant entouré d'ennemis qui l'ont ou tué ou fait prisonnier. Que pourriez-vous seul contre tous les Prussiens ?

— Mourir... ou le sauver en combattant.

— Ce noble sentiment est digne d'un héros de Reichshoffen ; mais la réflexion doit l'emporter sur l'héroïsme, lorsque l'héroïsme même serait fatal.

— Eh ! que m'importe la vie !

— Aussi ce n'est pas de notre vie qu'il s'agit, mais de la vie de ces malheureux habitants de Wernel, auxquels les prières de leur saint pasteur ont fait découvrir le souterrain qui les met, pour le moment du moins, à l'abri des recherches, des attaques des ennemis, à l'abri de la mort qui les poursuit.

— Hélas ! il est cependant bien pénible de voir un aussi brave homme que ce bon abbé Deguy prisonnier, massacré peut-être par ces maudits Prussiens, sans lui venir en aide.

— S'il est mort, vous ne pouvez plus rien pour lui ; s'il respire encore, vous ne pouvez rien faire qui puisse lui être plus désagréable que de révéler l'existence du souterrain, que de livrer ainsi aux glaives ennemis ses chères ouailles.

— Votre logique est inflexible, mais bien cruelle ; je croyais que vous étiez un ami dévoué pour l'abbé Deguy ?

— Certes, mon cœur saigne en retenant votre bras, en ne lui accordant pas le concours du mien et celui de plusieurs braves qui peuvent combattre encore ; mais notre aide perdrait tout, sans le sauver... Puis, je dois vous le dire.....

— Quoi donc ?

— Je ne sais si vous comprendrez...

— Dites toujours.

—Eh bien ! le curé de Wernel est heureux de donner sa vie pour le salut de son troupeau.

— Je comprends qu'on s'expose en combattant ; mais je trouve qu'il est par trop fort de tendre, timide agneau, son cou au fer ennemi.

— Aussi la religion seule donne ce sublime dévouement, et ce que vous niiez naguère encore, vous est maintenant démontré ; c'est le dévouement du prêtre non marié, qui est toujours heureux de sacrifier sa vie pour ses paroissiens. Le prêtre catholique n'hésite pas plus devant les maladies pestilentielles qu'il ne redoute le poignard des sauvages et les balles des hérétiques.

— Vraiment, capitaine, je suis obligé de me rendre à l'évidence. Mais il reste encore cependant, malgré tous les raisonnements du docteur Sapience et du bon abbé Deguy lui-même, un point noir dans mon esprit.

— Je le sais. Il ne vous suffit pas qu'on vous ait prouvé, dans un précédent entretien, l'histoire à la main et par le témoignage même des ennemis de l'Eglise, tels que Voltaire et Rousseau, des protestants comme Guizot, et Luther lui-même, combien la prétendue réforme a causé de maux par le mariage des prêtres, il faut encore qu'on compare le clergé catholique du XVIIIe siècle, de ce siècle de l'*obscurantisme*, si décrié par les philosophes, avec la conduite des protestants de nos jours, époque des *prétendues lumières*. Eh bien, je vais vous satisfaire.

— Je vous attends de pied ferme.

— Oh ! je sais que vous ne reculez jamais devant le danger, quand bien même vous êtes sûr de ne pouvoir vaincre les obstacles qui s'opposent à vous. Mais ne vous semble-t-il pas que nous puissions, tout en discutant cette importante question qui doit porter le coup de grâce à vos objections et dont la solution peut faire de vous un catholique pratiquant, ne vous semble-t-il pas, dis-je, que nous ferions bien de donner quelques ordres et de passer ensuite à la recherche d'un débouché ?

— En effet, il ne suffit pas d'être en sûreté, il faut vivre. Et nos provisions......

— Sont presque nulles !

Après avoir recommandé le plus grand calme, allumé plusieurs fanaux, et ordonné à la foule de les suivre, le colonel et le capitaine installèrent les fugitifs dans une espèce de rotonde, à laquelle aboutissaient quatre voies souterraines.

— Mères de famille, dit le colonel en s'éloignant, veillez sur vos enfants, évitez qu'ils ne s'éloignent de vous, qu'ils ne se perdent dans ces espèces de catacombes. Nous allons à la recherche d'une ouverture qui nous permette de revoir la lumière du jour.

Puis, suivi des vœux, des bénédictions, des prières des malheureux habitants de Wernel, il s'éloigna avec son ami le capitaine par la première voie qui s'offrit à ses pas.

Le flambeau de résine que le capitaine tenait à la main jetait une lumière blafarde, qui suffisait toutefois à diriger leur marche.

A peine avaient-ils fait une centaine de pas que le capitaine dit :

— Colonel, il me tarde de vous voir catholique fervent, et partant je suis impatient de dissiper vos dernières erreurs. Accordez-moi, s'il vous plaît, toute votre attention, car le temps presse et la mort n'est peut-être pas loin de nous.

— Vous êtes lugubre aujourd'hui, ami Emporte-Pièce.

— Nous sommes entre les mains de Dieu et nous devons toujours être prêts à paraître devant son céleste tribunal.

— Décidément, vous êtes devenu un vrai missionnaire.

— Je m'efforce, mais bien faiblement, hélas ! de réparer mes scandales d'autrefois.

— Soit ! en avant donc.

— Je commencerai par un aveu : il y eut des

fautes au dix-huitième siècle, Dieu n'a pas besoin de nos mensonges.

— Mais quelle en fut l'origine?

— Tout combattait au dix-huitième siècle contre l'Église : la faiblesse et la corruption du trône ; la protection que la favorite Pompadour accordait aux philosophes ; le parlement qui, imbu des idées du jansénisme, était l'interprète de cette hérésie d'autant plus dangereuse, qu'elle protestait de sa soumission au Saint-Siège et qu'elle voulait rester catholique malgré lui ; la bourgeoisie qui, en combattant la religion, espérait abolir les privilèges de la noblesse et du clergé ; enfin, les classes pauvres, que les philosophes empoisonnaient de leurs écrits immoraux et révolutionnaires. « Une conspiration s'était formée, dit un écrivain protestant, entre les anciens jansénistes et le parti des philosophes ; ou plutôt, comme ces deux factions tendaient au même but, elles y travaillaient dans une telle harmonie qu'on aurait pu croire qu'elles concertaient leurs moyens. Les jansénistes, sous l'apparence d'un grand zèle religieux, et les philosophes, en affichant des sentiments de philanthropie et en s'entourant de l'auréole des lumières du siècle, travaillaient également à la destruction de l'autorité pontificale. Tel fut l'aveuglement de beaucoup d'hommes bien pensants, qu'ils firent cause commune avec une secte qu'ils auraient abhorrée s'ils en avaient pénétré les intentions. Ces sortes d'erreurs ne sont pas rares ; chaque siècle a la sienne (1). »

— Les évêques, les religieux, les prêtres séculiers se laissèrent-ils aussi entraîner à cet engouement général ?

— Oh ! non pas. De toutes parts il y eut des protestations.

En 1765, trente-deux archevêques et évêques, ainsi que trente-six députés de second ordre, se réunirent à Paris en assemblée générale. Ils arrêtèrent le texte d'une instruction dogmatique qui dévoilait le projet des philosophes, qui dénonçait le danger dont les mœurs et la foi étaient menacées.

Jamais on ne vit plus d'ardeur et moins de défaillances. Cent et trente-neuf évêques adoptèrent les actes de l'assemblée générale de Paris, et il n'y eut que quatre évêques qui refusèrent d'y souscrire. C'était un beau dévouement de la part de ce clergé que les ennemis de la religion ont tant décrié et qu'ils ont dépeint, pour les besoins de leur cause, sous les couleurs les plus sombres.

Après avoir flétri, à plusieurs reprises, les arrêts injustes du parlement, le roi se laissa dé-

---

(1) SCHOELL, *Cours d'histoire des États européens*, t. XLIV, p. 7.

courager par ces luttes sans cesse renaissantes. L'immoralité est la source de la faiblesse. Lorsqu'on ne cherche que les jouissances matérielles, on craint les embarras de la résistance, on transige avec elle, et par là on l'enhardit ; on abandonne la bonne cause. C'est ainsi que Louis XV eut des alternatives de faiblesse et de courage. Après avoir cassé les arrêts du parlement, il exila plus tard l'archevêque de Paris, qui refusait avec raison d'accorder le saint viatique aux personnes qui étaient suspectes de jansénisme ; dans la suite, il cassa encore plusieurs arrêts du parlement et lui déclara qu'il « devait se rappeler l'esprit de modération, de paix et de prudence qui lui avait été recommandé. »

Mais les magistrats n'en continuèrent pas moins leur persécution. Ils firent exiler l'évêque d'Orléans et tourmentèrent son chapitre. Ils condamnèrent l'évêque de Troyes à une amende, confisquèrent ses meubles et saisirent son temporel. Le parlement de Provence exila l'archevêque d'Aix, et il supprima la réponse que M. de Belzunce, évêque de Marseille, avait faite à une gazette janséniste, tout en laissant un libre cours au libelle calomniateur. Le parlement de Paris osa livrer aux bourreaux une lettre que l'archevêque d'Auch et ses suffragants avaient écrite au roi, pour se plaindre de la manière dont les tribunaux exécutaient la déclaration. Les *réflexions* de M. de Guenet, évêque de Saint-Pons, n'eurent pour résultat que l'annulation de ses ordonnances et la menace d'avoir son temporel saisi par décret du parlement de Toulouse, qui poursuivit aussi M. de Villeneuve, évêque de Montpellier. L'évêque de Vannes vit ses grands vicaires condamnés et bannis. Les meubles de l'évêque de Nantes furent vendus à deux reprises différentes. Le parlement de la capitale fit brûler par les mains du bourreau, dans le lieu destiné aux exécutions des malfaiteurs, un mandement de M. de Beaumont, archevêque de Paris, qui traitait de l'autorité de l'Eglise, de l'enseignement religieux, de l'administration des sacrements, et prémunissait les fidèles contre certains écrits impies et immoraux. Les ministres inférieurs subissaient des traitements plus durs encore, s'il est possible : les amendes, le bannissement, la prison, étaient la suite inévitable de leur fermeté et de leur attachement à l'Eglise.

— Mais c'était une vraie persécution ou je ne m'y connais plus, fit avec horreur le colonel dont la belle âme se révoltait à ce récit.

— Certes, et au lieu d'être étonné de quelques faiblesses qui se sont glissées dans l'Eglise de France au dix-huitième siècle, on doit plutôt chercher dans le secours du Ciel l'explication de la victoire qu'elle a remportée sur ses nombreux et puissants ennemis : les hérétiques qui l'attaquaient en face etélevaient autel contre autel, au milieu du désordre qu'ils avaient eux-mêmes fomenté ; le jansénisme, erreur d'autant plus funeste qu'elle se cachait plus adroitement sous le dehors de la vertu et d'une apparente soumission au Saint-Siège, dont elle sapait le fondement ; les philosophes, dont le venin funeste s'introduisait sous les charmes trompeurs d'un esprit pervers et d'une imagination égarée, dans des écrits où la religion était faussement dépeinte, critiquée, condamnée, flétrie ; les rois enfin, qui, oubliant que toute puissance émane de Dieu et repose sur la religion, s'efforçaient quelquefois de dominer le clergé et l'affaiblissaient en y introduisant parfois des pasteurs peu dignes du sacerdoce.

Dans l'ardeur de son raisonnement, le capitaine Emporte-Pièce ne remarquait pas qu'il était arrivé au bout du souterrain ; et il allait se heurter à une pierre énorme, lorsqu'il fut mis en garde et arrêté dans sa marche par le colonel.

Ils continuèrent leurs recherches, mais, comme on le verra dans le chapitre suivant, elles furent loin d'être couronnées de succès.

XVIII

L'EXPLOSION.

— Décidément, capitaine Emporte-Pièce, je commence à désespérer. C'est en vain que nous parcourons ce souterrain depuis bientôt deux heures. Pas d'issue.... rien, rien.

— Hélas! colonel. Et ce qui m'afflige le plus, c'est de voir des femmes, des enfants, des vieillards, proies désignées à la vengeance de ces maudits Prussiens qui assiègent le château de Wernel depuis quinze jours, qui l'ont même emporté d'assaut, en écrasant notre valeur sous le nombre, mais auxquels nous avons pu échapper, grâce au souterrain; c'est de voir, dis-je, nos fugitifs de la mort exposés à périr de faim dans ces catacombes, dont nous ne pouvons découvrir l'issue.

— Vous exprimez, ami, ce que j'éprouve, mais avec un sentiment d'autant plus vif que vous êtes lié avec plusieurs de ces infortunés par le sang et avec d'autres par l'amitié.

— C'est bien vrai : mon cœur autant que ma raison se révoltent à la pensée que la mort étreint déjà ces braves gens, qui sourient tristement, mais qui sourient enfin, parce qu'ils se croient en sûreté. Le condamné qui échappe à la mort se contente de peu.

Mais que vous semble, colonel : si nous faisions appel aux lumières du docteur Sapience ?

— Il est occupé auprès de ses blessés.

— Qu'importe ! A quoi bon mettre du baume sur leurs plaies, s'il est forcé ensuite de les voir mourir d'inanition. L'important pour nous en ce moment, c'est de sortir au plus tôt de ce tombeau.

Entendez-vous les cris de souffrances des blessés, les pleurs des enfants qui demandent du pain et que leurs mères s'efforcent en vain de satisfaire par leurs caresses ? Voyez-vous la mine sombre des hommes qui ont vaillamment combattu et qui se trouvent acculés maintenant à un obstacle matériel qu'ils ne peuvent surmonter ?

Ah ! ces cris de faim et de douleur, ces souffrances de mes malheureux compagnons d'armes me saignent le cœur. Et si je m'efforce encore....

— Mais voici le docteur qui s'avance vers nous. Ne le décourageons pas ; peut-être est-il l'instrument que la Providence a choisi pour nous sauver.

Le docteur Sapience, qui venait de terminer un pansement et qui les voyait s'avancer de son côté, l'air sombre et inquiet, s'était aussitôt levé et marchait en effet à leur rencontre.

— Eh bien ! colonel, dit-il, quel est le résultat de vos recherches?

— Nous n'avons rien découvert, et, d'un commun accord avec le capitaine, nous venons implorer le secours de vos lumières.

— Pas possible ! Pour découvrir une issue ?

— Oui, docteur, car la faim nous presse.

Il est certain qu'il existe une autre issue que celle qui nous a permis d'entrer dans ce souterrain et dont nous ne pouvons faire usage sans nous exposer à tomber entre les mains des Prussiens.

— Hélas ! c'est du côté de cette issue qu'est tombé le bon curé de Wernel, qui s'est dévoué jusqu'à la mort pour ses ouailles. Vous devez l'admirer maintenant, colonel, vous qui doutiez du dévouement du clergé !

— J'en ai fait tout à l'heure l'aveu à mon ami le capitaine. Et si l'abbé Deguy était là, je crois que je me confesserais.

— Quelle serait sa joie, s'il pouvait vous entendre !

— Comment aussi résister à l'héroïsme d'un tel homme, qui s'est dévoué de sang-froid pour nous sauver en restant dans la bibliothèque et

masquant le passage secret par d'énormes in-folio!
La religion qui forme de tels dévouements est inspirée de Dieu.

— Et ces misérables Prussiens n'ont pas tardé à lui accorder la récompense de son sublime dévouement, ajouta le docteur.

— Vous croyez qu'il est mort ? demanda le capitaine avec angoisse ?

— Je l'ignore. Mais, au cri qu'il a poussé, je crains qu'il n'ait au moins été grièvement blessé !

— Quel malheur ! fit le capitaine, il est peut-être, bien près de nous, baignant dans le sang, et nous ne pouvons aller à son secours sans compromettre la vie de plus d'un millier de personnes.

En ce moment la terre trembla sous les pieds des interlocuteurs et une explosion terrible ébranla tout autour d'eux.

Cette explosion fut suivie d'un long cri de terreur, qui sortait des poitrines de toutes les personnes réfugiées dans le souterrain.

Après un moment d'étonnement, de trouble, de stupeur, le colonel s'écria :

— Ah ! ces Prussiens infernaux ont fait sauter le château.

Et tous trois se dirigèrent rapidement vers les réfugiés pour calmer leurs craintes et étouffer les cris qui auraient pu les trahir.

C'était un spectacle vraiment lamentable : les jeunes femmes étreignaient leurs enfants sur leur sein palpitant d'effroi, les vieillards à genoux priaient Dieu d'épargner leurs enfants ; les hommes à mâle énergie s'efforçaient de ramener dans l'âme de leurs femmes et de leurs enfants un calme dont ils ne jouissaient pas entièrement eux-mêmes.

A peine l'effroi s'était-il quelque peu calmé qu'une deuxième et une troisième explosion produisirent une désolation générale. Chacun se levait, marchait, s'agitait, sans savoir où diriger ses pas. On se sentait menacé ; mais où fuir ?

L'attitude du colonel formait un contraste complet au milieu de cette agitation générale : il se tenait assis sur un bloc de pierre dans l'attitude de la réflexion, et immobile comme une statue.

Le lieutenant Lallier, qui le cherchait, passa d'abord auprès de lui sans le remarquer. L'ayant demandé, on le lui indiqua.

— Pauvre colonel ! fit le lieutenant ; comme il doit souffrir ! Il possède un cœur d'or sous l'enveloppe d'un lion de Numidie.

— Colonel ? dit-il.

La voix du lieutenant frappa les organes du colonel, qui leva la tête, regarda vaguement autour de lui et retomba bientôt dans ses réflexions ; il semblait avoir des yeux pour ne point voir.

— Colonel, répéta le lieutenant, il est important que je vous entretienne à l'instant même.

— Qui m'appelle? demanda le colonel comme s'il sortait d'un long rêve.

— Moi, le lieutenant Lallier.

— Ah!

Puis, ayant passé la main sur son front et regardé tout autour de lui, le colonel rappelé à la triste vérité de la situation, dit :

— Ah! lieutenant, quelle position affreuse pour ces braves gens, qui ne sont pas accoutumés aux horreurs de la guerre! Et il m'est impossible de rien faire pour eux!

Vous savez sans doute, lieutenant, que nous n'avons pu découvrir aucune issue?

— Je le sais, colonel. Mais, si vous le permettez, je vais essayer de sortir par l'issue de la bibliothèque, sans être aperçu.

— Vous risqueriez de vous perdre et les réfugiés avec vous.

— Mais avez-vous pensé, colonel, que les volumes in-folio qui masquent l'entrée du souterrain pourraient fort bien avoir été ébranlés par les violentes secousses que nous venons d'éprouver? Ne serait-il pas prudent d'aller voir si une brèche n'a pas été faite à cette muraille de livres?

— Certainement. Partons à l'instant.

— Votre présence est nécessaire ici, colonel.

— Cependant...

— N'avez-vous plus confiance en moi?

Le colonel, étant resté quelque temps dans l'attitude d'une profonde réflexion, dit enfin :

— Vous m'avez fait tout à l'heure une proposition digne de votre bon cœur et de votre courage, c'est de faire une excursion dans le château.

— Il se peut que les Prussiens, exaspérés de la trop longue résistance qu'ils ont éprouvée devant nos murs et nos baïonnettes, aient voulu se venger sur le château en le faisant sauter, avant leur départ.

Mais peut-être aussi n'est-ce qu'une ruse pour atteindre leurs ennemis rendus invisibles.

Ah! si nous avions de la nourriture, nous attendrions le départ des Prussiens, qui ne peut tarder longtemps...

Je ne sais quel parti prendre.

— Il me semble, colonel, que je ne risque rien à me rendre à l'entrée du souterrain; qu'il est même de la plus haute importance, comme j'avais l'honneur de vous le dire tout à l'heure, de s'assurer si les secousses n'ont pas ébranlé nos mobiles barricades de volumes.

— Je me range à votre avis et je pars avec vous.

— Mais encore une fois, colonel, votre présence peut être plus utile ici.

— Ecoutez ; je comprends que, connaissant mieux que moi les détours du château et le moindre repli de terrain du pays, vous sortiez du souterrain, si tout à l'heure nous le jugeons utile ; mais encore faut-il que je sache quelle résolution vous aurez prise.

Puis, je dois l'avouer, si je consens à vous laisser sortir, c'est que je suis impatient d'apprendre si le bon abbé Deguy est encore en vie.

Oh ! ce brave curé !

Le colonel se détourna pour essuyer une larme.

— Partons, ajouta-t-il d'un ton de voix qu'il fit rude à dessein pour cacher son émotion.

Mais à peine eut-il fait quelques pas qu'il s'arrêta :

— Lieutenant, dit-il, nous avons oublié une chose indispensable pour une excursion à travers le château.

— Qu'est-ce donc, colonel ?

— Un déguisement.

— Cela est fait, colonel. Voyez...

— Et vous serez déguisé... ?

— En ouvrier charpentier. Ce sont les attributs de mon jeune âge.

— Parfait, lieutenant. Vous pensez à tout.

— On fait de son mieux, colonel, et l'on a encore souvent le regret de ne pas réussir.

— Avez-vous lieu de craindre que vous échouerez dans votre noble entreprise ?

— Qu'importe ma vie du reste! Je veux suivre M. le curé de Wernel, dans la voie du dévouement qu'il m'a tracée. Dieu fera le reste.

— C'est de l'héroïsme chrétien ou je ne m'y connais pas.

— Quand on travaille en vue d'une récompense céleste, on n'a pas grand mérite à exposer sa vie. La couronne nous est assurée à la fin du combat.

En parlant ainsi, ils approchaient de l'ouverture du souterrain. Le colonel, que l'habitude des attaques où la ruse et la défiance jouent un si grand rôle rendait prévoyant, malgré ses autres préoccupations, dit aussitôt :

— Lieutenant, parlons bas. Nous voici arrivés près de l'issue ; on pourrait nous entendre.

Déposons aussi notre lampe, dans la crainte que des rayons de lumière ne pénètrent entre les volumes et ne révèlent notre présence.

— Vraiment, colonel, rien ne vous échappe.

— Le contraire serait fâcheux après quarante ans de guerre avec les Kabyles en Afrique, les Russes en Crimée, les Autrichiens en Italie et les rusés Mexicains. Après avoir passé par tant de péripéties, il n'est vraiment pas étonnant que j'aie au moins appris à me mettre en garde contre certaines imprudences.

— Vous êtes aussi modeste que généreux et habile, colonel. Qu'aurions-nous fait sans l'heureux hasard, ou plutôt la Providence, qui vous a amené ici, ignorants comme nous le sommes de la science de la guerre ?

— Mais il me semble que vous oubliez le capitaine Emporte-Pièce ?

— C'est vrai. Il nous a donné aussi de bons conseils, mais vous.....

— Silence !

Le colonel s'était arrêté court.

— Eh bien ! colonel, qu'éprouvez-vous ?

— Silence ! vous dis-je.......

Nous voici à quelques pas seulement du lieu de l'action. Recueillons-nous et discutons notre plan de bataille, mais à voix basse.

— Je vous écoute, colonel, car, si je ne me trompe, vous devez avoir un plan tout tracé.

— J'ai bien quelques idées ; mais sont-elles bonnes? Vous en jugerez.

Nous allons nous approcher lentement, en amortissant nos pas, vers la muraille de livres élevée avec beaucoup d'art et surtout de dévouement pour masquer l'ouverture du souterrain. Puis, comme vous avez de meilleurs yeux que moi, vous tâcherez de distinguer s'il n'y a pas quelque Prussien dans la bibliothèque. Si vous n'apercevez rien, vous écarterez un ou plusieurs volumes.

— Puis ?

— Je pensais au brave curé de Wernel. Maintenant que je l'ai vu à l'œuvre, je l'aime comme un frère. Et il y a tout à craindre que nous ne le revoyions pas.

— Comment donc ?

— S'il est vivant, les Prussiens l'emporteront prisonnier; s'il est mort, si nous le voyons étendu sans vie à nos pieds, c'est en quelque sorte ne pas le revoir.

Est-il chose plus pénible que de devoir faire des vœux pour que ce brave homme soit prisonnier de ces Prussiens maudits ! Comme il me tarde d'être fixé à ce sujet, allons de l'avant.

Mais, à peine avaient-ils fait quelques pas qu'à un détour qui se trouvait auprès de l'ouverture du souterrain, le colonel laissa échapper une exclamation de surprise mêlée d'effroi.

— Qu'éprouvez-vous donc, colonel ? demanda le lieutenant.

— Voyez.....

— Ah !

— Cet effondrement est l'effet de leurs mines. Hâtons-nous, ou tout est perdu.

XIX

L'ARRESTATION.

Ce n'était pas sans raison que le colonel Lamborel avait poussé un cri d'effroi à la vue des livres qui couvraient le sol et de l'ouverture que leur chute avait faite; les Prussiens pouvaient arriver d'un moment à l'autre et découvrir ainsi la retraite qu'il était si important de leur cacher.

— En avant, lieutenant, fit le colonel, après un moment de stupéfaction.

Mais déjà le lieutenant Lallier était à l'œuvre. Il s'élançait vers la bibliothèque, dont il ferma la porte à clé.

Puis, revenant vers l'ouverture, il dit avec une certaine vivacité mêlée de déférence :

— Et maintenant, colonel, soyez assez bon pour relever les volumes qui se trouvent du côté du souterrain, tandis que je me tiendrai dans la bibliothèque et rangerai les in-folio, comme l'avait fait M. le curé de Wernel.

A la pensée de l'abbé Deguy, le colonel, qui s'était déjà baissé, suspendit son travail pour explorer d'un coup d'œil toute la bibliothèque.

— Rien, dit-il. Tant mieux, il n'est pas mort.

— Je l'espère, colonel; mais cependant rien ne le prouve. Ces barbares l'ont-ils enlevé mort ou vivant de la salle après leur funèbre exploit?

— Cette incertitude me fait mal.

— Hâtons-nous, colonel, et je ne tarderai pas à vous renseigner.

— En exposant votre vie...

— Pouvons-nous laisser mourir de faim plus de mille personnes qui se reposent sur notre dévouement?

— Loin de vous blâmer, je vous admire. Mais enfin je ne serais pas fâché de vous accompagner.

— Je vous l'ai déjà dit, colonel, à chacun sa tâche. Vous êtes chef : c'est dans le souterrain que vos conseils peuvent être le plus utiles, tandis que je serai à la recherche de ces maudits Prussiens, ou plutôt que je m'efforcerai de les éviter.

Tout en parlant ainsi à voix basse, ils fermaient l'ouverture.

— Enfin! dit le lieutenant en posant le dernier volume et en inspectant le travail, c'est terminé. Nos ennemis peuvent venir maintenant.

— Oui, fit le colonel en soupirant, et ils vous trouveront dans la fosse aux lions.

— Sans être le prophète Daniel, je saurai bien aussi leur échapper; fiez-vous à moi, colonel.

Au revoir et à bientôt, j'espère.

Le lieutenant prêta une oreille attentive, ouvrit la porte de la bibliothèque, jeta un long regard sur le corridor, regarda par la fenêtre et n'aperçut rien.

— Les Prussiens seraient-ils partis? se demanda-t-il.

Après quelques instants de réflexion, il se fit à lui-même une réponse négative.

Déjà il descendait l'escalier qui le conduisait à la cour d'honneur, regardant tout autour de lui, mais commençant à reprendre confiance et partant à être moins circonspect, lorsqu'un son de voix sortant d'une salle basse l'arrêta court.

— Il est vraiment étonnant, mon général, disait-on, qu'il nous soit impossible de découvrir aucune trace ni des habitants, ni même des combattants que nous avons poursuivis et qui se sont subitement éclipsés. Vraiment on se croirait en pleine féerie.

— Oui, mon brave colonel, mais nous ne sommes pas en Asie ; en France, les bonnes fées n'existent plus, même dans l'imagination des peuples, au XIXe siècle.

— Je suis, n'en doutez pas, général, entièrement de votre avis. Mais que faire ?

— Le cas devient assez embarrassant : on nous attend sous les murs de Metz, et cependant il me serait souverainement pénible d'avoir été joué par des paysans, des francs-tireurs, qui, après nous avoir tué plus de deux mille hommes et encloué nos canons, se rient maintenant de nos inutiles efforts.

— Je crois bien, général, qu'ils ont plutôt envie de pleurer que de rire ; car enfin ils savent que, si nous les atteignons, nous ne leur ferons pas grâce.

— Ecoutez, colonel : il a été de toute impossibilité à un si grand nombre d'hommes armés, de femmes et d'enfants, de traverser nos lignes sans être aperçus ; et comme ils ne sont pas doués d'ailes pour fuir dans les airs, ils n'ont pu chercher leur salut que dans la terre.

— Comment donc, général ?

— Dans un souterrain.

— C'est une idée.

— Aussi, est-ce dans le but de produire quelques fissures à cette retraite souterraine que j'ai fait sauter une partie du château. Et, s'il le faut, ils n'en restera pas pierre sur pierre.

— Ce maudit Prussien, se dit le lieutenant

Lallier, est un diable incarné. Il faut que je le tue, ou nous sommes perdus.

— Et il allait mettre son projet à exécution ouvrir brusquement la porte de la salle et tire. à bout portant sur les deux officiers ennemis lorsque son attention fut attirée par les pas d'une escouade qui se dirigeait de son côté.

Le cas était des plus graves pour le lieutenant : s'échapper, il le pouvait, mais retrouverait-il une si belle occasion de se défaire d'un ennemi aussi adroit et aussi redoutable que le général ? Et s'il le tuait, qu'adviendrait-il ? Le colonel Lamborel serait dans la plus poignante incertitude en ne le voyant pas revenir ; car le sacrifice de sa vie, que le lieutenant était disposé à faire à ses compatriotes, ne leur donnerait pas du pain, et il se voyait dans l'impossibilité d'échapper, s'il tuait le général, à l'escouade qui approchait.

Ce raisonnement, qui est si long à transcrire, fut fait en quelques instants. Le lieutenant fit un brusque mouvement en arrière et remonta rapidement l'escalier.

Il était temps : l'escouade apparaissait dans le corridor et elle s'arrêta en face de la salle occupée par le général.

C'est alors seulement que Lallier s'aperçut qu'il avait oublié de se travestir en ouvrier.

Tout entier au soin de fermer le passage secret,

il avait déposé son travertissement dans la bibliothèque et perdu entièrement de vue qu'il était revêtu de son uniforme, lorsqu'il avait jeté un coup d'œil inquisitorial sur les appartements, la cour et le corridor.

La conversation du général l'intéressait à un trop haut point pour que sa pensée se portât sur un autre objet, et il fallut qu'en montant avec rapidité l'escalier, son épée heurtât bruyamment une des marches pour que son attention fût attirée sur son uniforme.

Cependant le travestissement était pour lui de la plus haute importance. En effet, si les Prussiens le saisissaient les armes à la main, il ne lui restait plus qu'à mourir en brave, tandis que sous le costume d'ouvrier il pouvait encore espérer quelque pitié.

Le lieutenant s'empressa donc de passer dans la bibliothèque, de saisir son travertissement et de s'en revêtir.

Mais à peine avait-il terminé cette toilette d'un nouveau genre que des pas se firent entendre.

On montait l'escalier.

— Où fuir ? se dit-il avec anxiété.

Ce n'est pas qu'il tremblât pour lui-même. Loin de là. Il voulait bien faire le sacrifice de sa vie pour sauver ses compatriotes, et surtout sa femme et ses trois enfants, renfermés aussi dans le souterrain ; mais succomber sa tâche inachevée ! Non, il ne le voulait pas.

Il jeta donc son uniforme dans un coin et le recouvrit de plusieurs livres après s'être toutefois armé d'un revolver.

— Qu'ils viennent maintenant, dit-il, je les attends.

Cependant le bruit des pas, après s'être rapproché, ne tarda pas à s'éloigner.

— C'est une fausse alerte ! pensa-t-il ; mais il n'y a pas de temps à perdre.

Et, après avoir caché complètement son uniforme sous de nombreux volumes, il vérifia si son arme jouait bien et descendit en tapinois.

En passant près de la salle où peu d'instants auparavant il avait entendu la conversation du général, il s'arrêta quelques instants, écouta, mais ne perçut aucun son.

— Le cruel serait-il en voie de mettre son funeste projet à exécution et de faire sauter ce qui reste du château et peut-être le souterrain ?

Cette pensée lui fit dresser les cheveux sur la tête.

Quelle étrange situation était la sienne ! il devait marcher à la recherche du général, s'efforcer de tout voir, de tout entendre, sans se laisser apercevoir.

Arrivé au bas de l'escalier, il jeta un coup

d'œil scrutateur sur la cour d'honneur et, n'y voyant personne, il se glissa le long des murs, jusqu'à un poste d'où il espérait voir beaucoup de choses sans être vu.

Mais, à peine y fut-il de quelques instants qu'il jeta un cri de douleur.

C'est qu'il venait d'apercevoir la partie du château que les mines avaient ébranlée et transformée en ruines. La cour de ce côté était jonchée de débris : des pierres angulaires avaient roulé pêle-mêle avec des poutres, des briques, des fenêtres et des meubles entraînés dans la chute de l'édifice.

Le lieutenant resta, pendant quelque temps, dans un état de prostration facile à comprendre.

Tout ce qu'il avait éprouvé depuis trois semaines que durait le siège était bien de nature à ébranler le courage le mieux trempé, surtout lorsque ce courage ne voit pas d'issue à une situation lamentable.

Du poste qu'il avait atteint, il voyait la salle de la bibliothèque et se traçait en esprit la voie que devait suivre le passage secret. Il calculait l'espace qui séparait l'ouverture de l'endroit où les habitants étaient réunis.

— Tout est perdu, se dit-il, si on mine entièrement le château. C'est à peine si ces malheureux pourraient éviter la mort en se réfugiant tout à fait au fond du souterrain.

Et, mû par la pensée de sauver ses compagnons d'infortune, il courait vers la bibliothèque, lorsqu'un cri : *Qui vive !* le fit tressaillir.

Il jeta les yeux autour de lui, mais, n'apercevant rien, il précipita sa marche, ne sachant que faire pour éviter un danger qu'il n'entrevoyait même pas.

Une balle siffla à ses oreilles au moment où il franchissait la porte.

Il se gara d'abord derrière un pilier, et s'y arrêta un instant pour examiner d'où venait le danger.

Une seconde balle ne tarda point à le mettre de nouveau en éveil, et ce ne fut pas sans avoir pris beaucoup de précautions qu'il se découvrit quelque peu.

Il vit bientôt un soldat prussien qui se trouvait en faction dans un coin de la cour et qui faisait force gestes à des compagnons, sans doute, qu'il appelait à son aide, avec des sons gutturaux que le lieutenant ne pouvait saisir, mais dont la pantomime lui traduisait, à ne pas s'y méprendre, la signification agressive.

La première pensée du lieutenant fut de tirer sur ce soldat ; mais il était à une telle distance qu'il lui semblait bien difficile de l'atteindre avec son pistolet, ou tout au moins de le blesser grièvement.

À quoi bon, dans ce cas, révéler qu'il était armé ? Ne valait-il pas mieux s'esquiver ?

Mais où aller ?... Comment échapper aux recherches qui allaient être faites et dirigées par le soldat qui l'avait aperçu ?

Dès que sa présence était révélée, tout était perdu.

Le lieutenant ne tarda pas à risquer le tout pour le tout. Et, pendant que le soldat prussien semblait entièrement occupé à faire appel à ses compagnons d'armes, il se glissa dans la cour.

Mais le rusé Prussien, qui était louche et qui lui tendait un piège, se tourna brusquement, et, au moment où le lieutenant s'y attendait le moins, il fut atteint et tomba en poussant un grand cri, sans avoir eu le temps de tirer sur son adversaire.

Le soldat prussien s'élança aussitôt sur le lieutenant, la baïonnette en avant, et il allait l'achever, lorsqu'un terrible juron allemand l'arrêta court.

Il releva la tête et vit son général en chef, qui était accouru au bruit des coups de fusil et qui lui ordonnait et de la voix et du geste de s'arrêter.

— Pourquoi voulez-vous achever cet homme ? demanda sévèrement le général.

— C'est un ennemi ! répondit d'un air sombre ce descendant des Teutons qui voyait sa proie lui échapper.

— C'est un ouvrier sans défense et grièvement blessé.

— Mon général, les morts seuls ne sont plus à craindre.

— C'est bien, obéissez. Vous auriez dû comprendre que mort il ne peut nous être d'aucune utilité, tandis que vivant il parlera.

— Jamais! fit Lallier à voix basse.

— Mais il me semble que le blessé a parlé?

— Oui, mon général, je l'ai aussi entendu.

— Qu'a-t-il dit ?

— Je ne comprends pas le français, général.

— C'est vrai, je l'oubliais.

Le général s'avança vers le lieutenant, qui avait été atteint à l'épaule droite et qui cherchait de sa main gauche son arme pour se défendre encore, dans une lutte inégale et suprême, avec le farouche soldat ennemi, lorsque la présence du général vint suspendre le danger.

En ce moment arrivèrent successivement plusieurs soldats et officiers qui s'étaient rendus à l'appel du factionnaire ou que les coups de fusil avaient amenés sur le lieu du combat.

Après avoir examiné la blessure du paysan, le général se dit d'un air satisfait :

— Sa blessure n'est pas grave. C'est un paysan: la crainte de la mort le fera parler. Mais il faut que je me hâte, dans la crainte que le délire ne s'empare de lui, comme de ce prêtre dont il est impossible de rien tirer. Et je n'ai pas de temps à perdre : les ordres du feld-maréchal sont précis.

Le général interrompit son aparté, pour donner l'ordre de transporter le paysan dans la salle de la bibliothèque et de prévenir aussitôt un chirurgien de venir panser sa blessure. Et, dans l'espoir d'intimider le paysan en frappant son imagination, il fit réunir le conseil de guerre dans la salle basse.

Ses ordres ne tardèrent à être exécutés. Et tandis que le chirurgien pansait les plaies du paysan, les officiers supérieurs arrivaient successivement.

— Messieurs, leur dit d'un ton grave le général en chef, je viens de recevoir du feld-maréchal l'ordre de marcher sur Metz.

— Avant d'avoir exercé une vengeance éclatante sur ces paysans francs-tireurs qui nous ont tenus en échec pendant trois semaines et qui semblent se jouer de notre vengeance? objecta un colonel.

— Autant que vous, colonel, cet ordre de départ m'est bien pénible. Et si le feld-maréchal était ici, je le prierais instamment de nous autoriser à continuer nos recherches pendant vingt-quatre heures encore.

Cependant le motif qui l'a déterminé à nous envoyer cet ordre est bien grave. Jugez-en, messieurs. Voici la dépêche :

    Mon cher général,

Aussitôt réception de cette dépêche, mettez-vous en marche pour Metz, où un engagement général est imminent.

Agréez.....
                      DE MOLTKE.

Un silence général accueillit la lecture de cette dépêche. Des sentiments divers se lisaient sur les figures des officiers prussiens : l'obéissance et le désir de la gloire luttaient avec l'esprit de vengeance, tantôt victorieux tantôt vaincu.

— Messieurs, continua le général, au moment où je recevais cet ordre, le hasard m'a peut-être fourni le moyen de nous venger sans retarder notre départ.

Vos regards impatients m'interrogent ; je ne vous ferai pas languir.

Un de nos factionnaires vient de blesser grièvement à l'épaule un paysan que je soupçonne fort d'avoir pris part à la défense du château. Je l'ai fait transporter à la salle de la bibliothèque, où toutes les dispositions sont prises en ce moment pour un conseil de guerre. Nous allons donc l'interroger, et s'il ne nous révèle pas où se trouvent les invisibles francs-tireurs, votre justice décidera de son sort.

Hâtons-nous donc, messieurs, d'en finir avec cette affaire, afin d'obtempérer aux ordres du feld-maréchal et de nous mettre en marche pour Metz.

En parlant ainsi, le général en chef se leva et, suivi de son nombreux et brillant état-major, il se dirigea vers la salle de la bibliothèque où il avait fait établir une estrade pour les officiers supérieurs qui allaient prendre part au conseil de guerre.

Le général en chef espérait aussi intimider par cet imposant cortège le lieutenant Lallier, que son travestissement faisait prendre pour un paysan.

Selon ses ordres, tous ces préparatifs avaient été faits rapidement, sans que le prisonnier fût avisé de ce qui allait se passer. Aussi Lallier fut-il quelque peu étonné, ému même, lorsque, la porte du fond de la bibliothèque s'ouvrant, un sergent dit d'une voix vibrante :

— Le conseil de guerre !

Le général en chef et son état-major ayant pris place sur leurs sièges, on ne donna pas à Lallier le temps de revenir de sa surprise.

— Faites avancer l'accusé, dit le général.

Aussitôt deux vigoureux soldats firent rouler,

devant le tribunal le fauteuil dans lequel on avait établi Lallier après le pansement de sa blessure.

Quoique cette blessure et la perte du sang qu'il venait de faire lui eussent enlevé une partie de son énergie, cependant Lallier revenait peu à peu de sa surprise.

— Accusé, dit le général, quel est votre nom?

Lallier fut d'abord sur le point de se refuser à répondre. Mais bientôt il se dit qu'on ignorait quelle part il avait prise à la défense du château et qu'il était impossible aux Prussiens, quelque perspicaces qu'ils fussent, de deviner sous les habits de l'ouvrier charpentier les épaulettes du lieutenant. Il répondit donc :

— Lallier François-Frédéric.

— Votre âge?

— Cinquante-trois ans.

— Où êtes-vous né?

— A Wernel.

— Que faisiez-vous dans le château au moment où vous avez été blessé?

— J'étais à la recherche de M. l'abbé Deguy.

— Qui êtes-vous pour vous intéresser à ce prêtre au point de vous exposer pour lui?

— Un de ses paroissiens.

— Où sont les habitants de Wernel?

— Je ne suis pas chargé de veiller sur eux.

— Accusé, cette réponse frise l'insolence.

— Je ne le pense pas, général ; je crois seulement qu'elle est digne d'un citoyen français qui se trouve subitement traduit en conseil de guerre, sans qu'on ait au préalable pris la peine de l'aviser du crime qu'on lui impute.

— Vous ne perdrez rien pour avoir attendu. Dites-moi comment il se faisait que vous fussiez armé, puisque vous prétendez que vous n'étiez ici qu'à la recherche du curé de Wernel ?

— La balle qui m'a atteint prouve assez que cette arme *défensive* était même insuffisante.

— Pourquoi n'avez-vous pas demandé un sauf-conduit, au lieu d'errer seul dans le château ?

— Les coups de fusil du factionnaire m'en ont-ils laissé le temps ?

Quoi qu'il arrive, je ne regrette cependant pas d'avoir accompli mon devoir. Je n'éprouve qu'un seul regret, c'est d'ignorer le sort de notre digne curé.

— Que faisait donc ce curé dans cette forteresse ?

— La place du prêtre est au milieu de ses paroissiens, surtout lorsqu'ils sont atteints par le malheur.

— Me direz-vous enfin où sont les habitants de Wernel ?

— Vous me permettrez, général, de vous répondre que je ne suis pas un traître.

— Il y va de votre vie.

— Eh bien, conduisez-moi à la mort. J'aime mieux mourir que de vivre flétri.

— Vous changerez d'avis quand vous serez en face du peloton d'exécution.

— Dieu m'en préserve !

— Vous n'avez donc ni famille, ni femme, ni enfants ?

— Ne cherchez pas à m'attendrir, général…… Mais, puisque vous faites appel à mes affections, c'est au nom de ma famille, c'est au nom aussi du droit des gens, que je vous demanderai, général, s'il n'est pas cruel de priver une famille de son chef, et de fusiller un paysan, parce qu'il ne peut sans se flétrir dévoiler, s'il le connaît, l'asile des proscrits.

— Mais il me semble que pour un paysan vous êtes bien lettré !

— On n'a jamais, que je sache, fusillé la science.

— Oseriez-vous affirmer que vous êtes ouvrier charpentier ?

— Ce fut dans l'atelier du père Morel que je fis mes premières armes.

Pouvez-vous me faire un crime de m'être délassé de mes durs travaux en lisant, et d'avoir cultivé la plume le soir après avoir manié la hache pendant les longues heures d'un laborieux travail?

Ces réponses étonnaient, fascinaient malgré lui le général. Il admirait cet homme d'un caractère vraiment antique. Et, s'il avait été seul, peut-être eût-il fait grâce. Mais le conseil de guerre devait décider. Il recueillit les votes.

On fit sortir Lallier pendant que le conseil délibérait.

La haine du nom français, le désir de la vengeance, l'espoir que sur le lieu de l'exécution le paysan se déciderait enfin à parler, l'emportèrent dans l'esprit de la majorité du conseil.

En rentrant dans la salle d'audience, Lallier était quelque peu ému en face d'un verdict qui pouvait l'envoyer à la mort et priver sa famille de son guide et de son soutien. Mais il était moins ému que le général en chef lorsqu'il lut cette sentence :

« A la majorité du conseil de guerre, Lallier François-Frédéric est condamné à mort... Il sera fusillé immédiatement. »

Lallier, qui s'était préparé à cette sentence, sut vaincre son émotion, à la pensée que la protection du Dieu de toute justice couvrirait les siens après sa mort.

Il ne fit entendre aucune protestation, mais il dit d'une voix où se lisait à peine une légère émotion :

— Loin de moi, messieurs, la pensée de protester contre cette sentence dont la responsabilité incombe tout entière à votre conscience. Je ne proteste même pas contre la rapidité de l'exécution. Mais, comme on fait droit au dernier désir d'un condamné à mort, même quand il est coupable et grand criminel, je vous demande instamment d'être entendu par M. le curé de Wernel. S'il est parmi vous des catholiques, messieurs, ils comprendront mon désir. Avant de paraître devant le Juge suprême, on sent le besoin d'être absous de ses fautes, et, si c'était possible, de se trouver sans tache.

— Le conseil accéderait bien volontiers à votre désir, répondit le général; mais M. le curé de Wernel est dans l'impossibilité de vous entendre.

— Hélas ! serait-il mort ?

— Pas que je sache ; mais il a été si grièvement atteint que sa blessure lui a donné le délire.

— C'est mourir deux fois que de ne pas recevoir les secours de la religion...

Messieurs, ne croyez pas que je veuille retarder le moment de l'exécution. Mais permettez qu'on me transporte auprès de M. le curé. Dieu fera peut-être un miracle pour qu'il puisse m'entendre.

Un sourire d'incrédulité plissa les lèvres des

officiers protestants; mais le général en chef, qui était catholique, répondit aussitôt :

— Qu'il soit fait selon votre désir.

— Merci, général, et que Dieu vous pardonne ma mort !

XX

L'ABSOLUTION.

Quand le lieutenant Lallier, que le général en chef avait voulu accompagner lui-même, arriva près du curé de Wernel, il fut frappé du délire qui s'était emparé du malade.

— Vous voyez, lui dit le général, que dans ce triste état M. le curé est dans l'impossibilité de vous entendre.

— Dieu est tout-puissant, général. Êtes-vous catholique ?

— Oui.

— Vous croyez donc aux miracles et à la puissance de Marie?

— Certainement.

— Eh bien, général, accordez-moi encore quelques minutes.

En parlant ainsi, Lallier enlevait de son cou

un scapulaire, qu'il déposa sur les épaules du curé de Wernel, et il se mit à genoux.

« O Marie, s'écria Lallier, vous que j'ai invoquée toute ma vie pour obtenir une bonne mort, vous voyez mon accablement, ayez pitié de moi; faites que je puisse me confesser avant de mourir. »

L'exaltation, le délire du curé de Wernel, qui avait commencé à se calmer aussitôt que le scapulaire l'avait touché, se dissipa peu à peu. Ses yeux hagards reprirent de leur limpidité; il fixa, d'un air étonné d'abord, les objets qui l'entouraient; puis, distinguant enfin Lallier, il lui dit :

— Lieutenant, où suis-je donc?

Puis, jetant un regard sur lui-même et sur le lit où il était couché :

— Ah! je me souviens; j'ai été blessé...

Mais je n'aperçois pas la belle dame qui m'a touché du doigt tout à l'heure. Elle était plus belle que toutes les madones que j'aie jamais vues.

Comme j'étais en admiration devant elle et la priais instinctivement, elle me toucha du doigt et me dit :

— Sois guéri et confesse le lieutenant Lallier.

— Marie m'a exaucé avant de mourir. Merci, ô mon Dieu, s'exclama Lallier avec un vif élan de reconnaissance.

— Qui parle de mourir? Est-ce bien vous, lieutenant Lallier?

— Oui, monsieur le curé, je suis condamné par le conseil de guerre ennemi à être fusillé, parce que je n'ai pas voulu révéler la retraite des malheureux habitants de Wernel.

— Ah! Comment donc?

— Le temps presse, monsieur le curé; veuillez m'entendre comme prêtre. Les choses du ciel doivent seules désormais me préoccuper.

Le général se retira discrètement. Il était vivement ému du fait merveilleux dont il venait d'être témoin; il regrettait que les autres membres du conseil n'eussent pas été présents. Leur haine, le désir de vengeance qui avaient décidé de la peine de mort que la raison repoussait, n'auraient pu résister à un spectacle aussi frappant : la grâce ou tout au moins un sursis sauveur aurait été la conséquence de leur présence.

Maintenant il fallait aller jusqu'au bout, parce que les membres du conseil espéraient tous que, devant la mort, Lallier fléchirait et ferait les révélations qu'on attendait de lui.

Aussi le général en chef dut-il être inexorable aux supplications que le curé de Wernel lui adressa en faveur de Lallier, après avoir accompli son ministère sacré.

Mais, tandis que le curé et le général étaient

agités et pâles de terreur, l'un de ne pouvoir rien obtenir, l'autre de devoir être inflexible, le lieutenant était calme. Il levait les yeux au ciel et y puisait une force surnaturelle.

XXI

LE PELOTON D'EXÉCUTION.

Quoique les parents eussent bien recommandé à leurs enfants de ne pas s'éloigner du groupe où se trouvaient réunis tous les habitants de Wernel dans le souterrain, le besoin de mouvement et la curiosité aidant avaient amené insensiblement Louise Lallier, fille du lieutenant, âgée de douze ans, avec une de ses petites compagnes, vers l'ouverture du côté de la bibliothèque.

Elles étaient là depuis quelque temps, lorsqu'un bruit de pas les fit tressaillir. Louise allait fuir quand la voix plaintive de son père la cloua sur place. Sa compagne prit la fuite, mais, arrivée près de ses parents, elle ne dit rien, dans la crainte d'être grondée.

Louise écouta.

— Vous m'agitez trop, soupirait le lieutenant Lallier. Tuez-moi, si c'est votre bon plaisir, mais ne me faites pas mourir à petit feu au milieu d'atroces souffrances.

— Le général en chef peut seul décider de votre sort, répondit une voix brusque.

Tout retomba ensuite dans un silence entrecoupé seulement par les soupirs de Lallier et le mouvement de chaises et de tables qu'on disposait pour le conseil de guerre.

Louise s'était approchée de l'ouverture et, à travers quelque interstice laissé forcément entre les volumes, elle aperçut son père douloureusement étendu dans un fauteuil, l'épaule droite entourée de bandelettes.

La douleur, la crainte, l'effroi, mêlés au désir de sauver son père, la tinrent immobile pendant toute la durée de l'interrogatoire. Bien des phrases lui échappèrent pendant les péripéties de ce drame, mais elle n'en comprit pas moins toute la gravité des débats.

La sueur perlait sur son front; ses membres étaient agités; elle attendait anxieuse, lorsque la terrible sentence vint l'accabler.

Elle s'appuya contre la barricade d'in-folio auxquels elle imprima un mouvement qu'on aurait remarqué dans la salle, si l'attention générale n'eût pas été ailleurs.

Les oreilles de la pauvre enfant tintaient; son

intelligence fut en quelque sorte suspendue pendant quelque temps.

Quand elle revint au sentiment de ce qu'elle avait vu et entendu, de ce qu'elle avait à craindre, son père n'était plus là. La salle était entièrement vide.

N'écoutant que son amour filial pour son père, ne sachant comment elle pourrait lui être utile, mais mue par son bon cœur, Louise attira de ses petites mains les énormes in-folio qui lui offrirent une grande résistance. Cependant elle parvint enfin à se frayer un passage et se trouva dans la bibliothèque.

Dans l'ardeur de son travail, elle ne pensait qu'à son père; mais quand elle fut seule au milieu de cette vaste salle qu'elle devait quitter pour marcher vers l'inconnu, la pensée de sa mère lui vint, et en même temps l'idée de combler la trouée qu'elle avait faite au milieu des volumes.

Après avoir réparé cette brèche, elle sortit craintive de la salle.

Ne sachant où se diriger dans les vastes corridors qui s'ouvraient devant elle, la pauvre enfant se souvint des conseils de sa mère : elle se mit à genoux et pria.

L'enfant invoquait la Mère du divin Jésus.

Quand elle eut prié pendant quelque temps, elle se releva. Peu à peu elle s'enhardit et se sentit animée d'une ardeur dont elle ne se serait jamais crue capable : la grâce divine la faisait agir.

Elle descendit un large escalier qui, quelques minutes auparavant, l'effrayait, et s'élança dans la cour, à la fois effarée et rassurée.

Elle ne vit rien.

La curiosité enfantine l'emportant, elle courait à droite et à gauche, regardant tout autour d'elle, et elle se penchait sur le mur qui bordait la cour, lorsque soudain elle poussa un cri d'effroi.

Au bas de ce mur, dans une vaste plaine, les bataillons prussiens se trouvaient réunis. Jamais l'enfant n'avait vu troupe aussi nombreuse.

Mais hélas ! au milieu de ces troupes se trouvait un peloton de soldats ennemis, armés de fusils, menaçant pour un homme assis dans un fauteuil et qui, comme d'Elbée, le héros chrétien de la Vendée, ne sourcillait pas devant la mort qui l'attendait. Chrétien, il n'avait de pensée que pour le ciel.

O horreur ! Louise voit son père, qu'elle a reconnu, couché en joue par les soldats.

L'enfant se précipite vers l'escalier qui descend à la plaine.

Une détonation terrible la fait tressaillir d'épouvante. Elle s'arrête un instant ; son père doit être mort, et cependant bientôt elle court, elle vole, animée d'une espérance surhumaine. N'a-t-elle pas invoqué Marie sa divine Mère !

Quand elle arrive dans la plaine, son père, qu'elle croyait mort, est entouré d'officiers qui semblent l'interroger.

— Vous voyez, disait le général en chef qui avait donné l'ordre au peloton d'exécution de ne pas atteindre le condamné, vous voyez que votre vie ne tient qu'à un fil. Soyez pour vous-même aussi clément que le hasard qui vous a épargné. Révélez donc enfin où se trouvent les habitants de Wernel.

— Jamais ! répondit le courageux Lallier.

— C'est votre dernier mot ?

— Je vous l'ai dit, général ; mieux vaut la mort que l'infamie.

Les officiers généraux prussiens admiraient malgré eux cet homme, que rien ne pouvait émouvoir, pas même le trépas.

C'est que pour un vrai chrétien la mort terrestre est le portique du céleste séjour.

— Nous n'obtiendrons aucun renseignement, dit à voix basse le général aux officiers réunis autour de lui.

— C'est un grand cœur, fit le colonel.

— Certes, reprit un chef de bataillon, et ils sont bien rares par le temps qui court. Vraiment, si.....

— J'achèverai la phrase que vous hésitez à

prononcer, fit le général en chef ; vous regrettez la boule noire que vous avez déposée pour la condamnation.

— Vous exprimez ma pensée, général.

— Il est bien tard en ce moment.

— Puis-je vous dire, général, qu'il n'est jamais trop tard de bien faire, et pour nous peut-être de réparer une faute ?

En ce moment on vit un mouvement dans la troupe, et l'on entendit des cris poussés par un enfant.

— Mon père ! mon père !

Tandis que les officiers se tournaient du côté où l'on entendait ces cris, le condamné se leva et s'écria :

— Louise ! ma fille !

Et il retomba brusquement dans son fauteuil.

Ce mouvement, cette chute, la vue de sa fille, l'émotion que lui causait la mort qui le menaçait encore, le troublèrent au point qu'il perdit en quelque sorte connaissance.

— Mon père, mon père, répétait Louise.

La vue de cette enfant, dont les cris d'angoisse appelaient un père que la mort attendait, émut les Prussiens, dont un grand nombre étaient pères de famille.

Afin de hâter la marche de l'enfant, un soldat la prit dans ses bras et courut avec son précieux fardeau. Il fut bientôt suivi d'autres soldats, qui voulaient l'aider dans sa bonne action, en portant l'enfant à leur tour.

L'émotion gagnant de proche en proche, les Prussiens comme Louise criaient :

— Grâce! grâce!

Ce fut ainsi que Louise, portée dans les bras de son père, le ranima sous ses caresses.

Les officiers généraux n'étaient pas moins émus que les soldats. Eux aussi étaient pères.

Pouvaient-ils arracher l'enfant des bras de son père et le fusiller sous ses yeux?

Aussi, quand Louise, conduite par un vieux grognard que l'émotion avait aussi gagné et qui séchait une larme du revers de sa manche, se jeta aux pieds du général en chef, la grâce était déjà tacitement accordée.

Après avoir interrogé du regard son état-major, le général exprima le sentiment de tous, en disant au condamné :

— Le conseil de guerre vous fait grâce et vous rend à votre famille.

Tandis que Lallier faisait un effort pour se lever et remercier, les soldats applaudirent et crièrent :

— Vive le général! Vive le général!

EPILOGUE.

Quinze jours après les évènements que je viens de raconter, le colonel Lamborel et le capitaine Emporte-Pièce, déguisés en paysans, se disposaient à quitter Wernel, lorsque l'abbé Deguy arriva aussi sous un déguisement.

Le curé était si bien transformé que le colonel et le capitaine ne le reconnurent pas tout d'abord. Enfin, après le premier moment de surprise, le colonel lui dit :

— Mais où allez-vous donc ainsi, monsieur le curé ?

— J'accomplis un vœu.

— Un vœu ?

— Oui, colonel; j'ai promis à Dieu, que si je pouvais arracher mes paroissiens des griffes des Prussiens, je me dévouerais sur les champs de bataille aux blessés, que je consolerais en leur apportant les secours matériels ou en leur ouvrant les portes du ciel.

Mes paroissiens sont maintenant rentrés dans leurs foyers, et l'un de mes confrères le saint curé de Frasel, avec le consentement de monseigneur l'évêque, me remplacera auprès d'eux pendant mon absence.

— Quel dévouement apostolique et que je regrette mes attaques et les sarcasmes dont je poursuivais autrefois le clergé !

— Heureux ceux qui reconnaissent leurs erreurs ! Comme le fier Sicambre, vous aussi, colonel, avez brûlé ce que jusqu'ici vous aviez adoré, en vous accusant vous-même au saint tribunal de la pénitence.

— Et j'ai pris l'engagement de combattre à la fois les ennemis de la religion et de ma patrie, les premiers dans nos bivouacs, les seconds sur les champs de bataille.

En ce moment entra le docteur Sapience, qui seul était dans les confidences de l'abbé Deguy. Lui aussi était déguisé ; lui aussi allait se dévouer à la patrie aux abois. La même foi produisait les mêmes dévouements.

Après avoir imploré la protection du Dieu qui s'est sacrifié jusqu'à la mort pour l'humanité, ils dirigèrent leurs pas vers Paris, où ils se distinguèrent en face des Prussiens et de l'insurrection armée. Leurs exploits sont publiés sous le titre : LES SAUVAGES DE PARIS PENDANT LA COMMUNE DE 1871.

FIN DES FRANCS-TIREURS DES VOSGES.

TABLE

I.	Le Donjon de Wernel..................	1
II.	La Robe noire.........................	14
III.	Les Prussiens.........................	28
IV.	L'Attaque.............................	43
V.	La Papauté et ses ennemis............	56
VI.	Voltaire, les protestants et les libres-penseurs apologistes de la Papauté..	63
VII.	Grégoire VII et les reptiles...........	70
VIII.	Le Bombardement....................	80
IX.	La Morale des Papes et celle des prétendus réformateurs..................	85
X.	Les Luthériens polygames............	95
XI.	Henri IV et Grégoire VII..............	106
XII.	L'Assaut..............................	115
XIII.	Les Batteries prussiennes............	123
XIV.	L'Attaque nocturne..................	136
XV.	La Tente du général prussien.........	180
XVI.	Le Passage secret....................	186
XVII.	Les Réflexions du colonel............	205
XVIII.	L'Explosion..........................	215
XIX.	L'Arrestation.........................	226
XX.	L'Absolution..........................	246
XXI.	Le Peloton d'exécution................	250
	Epilogue..............................	257

Paris. — Imprimerie F. Levé, rue Cassette, 17.

QUELQUES OUVRAGES

EN FACE DE LA CRITIQUE

Éphémérides révolutionnaires ou la Révolution en action, *racontée par un père à ses enfants,* par J. Gondry du Jardinet. In-18 jésus, 419 pages, 1880. — Prix : 3 fr. *franco.* — S'adresser aux bureaux de *l'Ami des campagnes,* 31, rue Saint-Placide, à Paris.

S'il n'est plus permis à personne d'ignorer notre histoire, il importe surtout de connaître dans leur vérité les évènements de la période révolutionnaire. Aucune époque n'a suscité d'un côté plus de culte, d'un autre plus de réprobation.

Les crimes de cette époque trop célèbre l'emportent de beaucoup sur ses bienfaits. Encore faut-il savoir apprécier les uns et les autres, tout en prémunissant les jeunes gens contre des engoûments funestes. On ne parle aujourd'hui que de la Révolution, et l'on fait remonter à elle toute gloire et tout honneur. En réalité bien peu ont étudié son histoire aussi embrouillée que souillée. On l'a écrite cependant sous toutes les formes.

L'œuvre de M. Gondry du Jardinet s'adresse à la première enfance. Ses éphémérides sont faites pour être lues en famille. Elles ne suivent pas l'ordre chronolgique, mais l'ordre mensuel, de sorte que le narrateur va de 89 à 93, à 94, et plus loin, pour revenir chaque mois sur ses pas. Cette méthode ne laisserait pas que d'embarrasser sa marche, s'il prétendait offrir une histoire suivie ; mais il ne veut que raconter, de manière à frapper les enfants, les principaux épisodes de la Révolution, et il intéresse ses jeunes auditeurs en leur permettant de l'interrompre dans son récit, qui devient un entretien familier, toujours grave et dans le meilleur esprit.

(*Bibliographie catholique.*)

LA REDOUTE DU CAPITAINE EMPORTE-PIÈCE
1 volume. 2 fr. *franco* (3e édition).

Ce n'est point une œuvre vulgaire, un roman ordinaire, un récit fantaisiste, captivant l'attention par le piquant des événements qui s'y déroulent et flattent l'esprit par la forme élégante, académique, du style.

C'est une œuvre de combat, une œuvre d'instruction ; destinée aux esprits sérieux, curieux d'apprendre, de s'éclairer sur des choses pour lesquelles beaucoup, il faut bien l'avouer, montrent de l'indifférence ou du mépris, faute d'éléments qui leur permettent de résister aux attaques qui leur sont adressées, de controverser en un mot, car le livre de M. Gondry du Jardinet n'est qu'un *roman de controverse* philosophique et religieuse.

Un capitaine incrédule, gouailleur, enfermé dans une redoute composée des écrits de tous les ennemis de la philosophie catholique, est aux prises avec un bon docteur de campagne chez qui le diplôme n'a pas fini le travail et qui mêle à l'étude *des simples* l'étude bien autrement grave et bien autrement ardue des questions philosophiques et religieuses.

Une à une, le capitaine Emporte-Pièce voit tomber les pierres de sa redoute, et bientôt, resté seul en face d'un adversaire qui semble n'avoir pas encore épuisé tous ses moyens d'attaque, le redoutable soldat s'avoue vaincu et « brûle ce qu'il a adoré pour adorer ce qu'il avait brûlé. »

La forme seule de l'ouvrage a quelque rapport avec le roman.

On sait, du reste, que c'est la forme généralement adoptée pour faire entrer la science dans des endroits qui lui avaient été jusque-là interdits.

C'est à cette forme du roman, en effet, qu'est dû en grande partie le succès des livres de Boitard et de Jules Verne. (*Le Monde.*)

LE SECRET DU CHATEAU DE ROCNOIR

Episode de la Révolution de 1793 (4e édition).
1 volume in-12, 290 pages . . . 2 fr. *franco.*

Tel est le titre d'un nouveau roman honnête, dû à la plume de M. J. Gondry du Jardinet, auteur de plusieurs ouvrages moraux et amusants.

Peindre les erreurs et les fruits funestes de la révolution de 1793, dans un épisode historique de ce grand drame où les délations, les incendies et les assassinats surgirsent sans cesse, tel est le but que s'est proposé l'auteur du *Château de Rocnoir.* Et, nous le disons en toute assurance, cette œuvre est une des meilleures que M. J. Gondry du Jardinet ait produites jusqu'à ce jour.

Cet ouvrage peut être mis dans toutes les mains. (*L'Univers*).

UN DRAME DANS LA FORÊT NOIRE

1 vol. in-12, 1 fr. 50 *franco* (6e édition).

Si vous aimez les histoires de brigands, de

faux-monnayeurs, les aventures extraordinaires, les coups de pistolet, les émotions poignantes, le *Drame dans la forê Noire*, dû à la plume de J. Gondry du Jardinet, vous servira à souhait, et quand vous aurez fini, *une Nuit lugubre*, qui termine le volume, vous fera repasser, en quelques pages, par les mêmes émotions. Tout cela d'ailleurs vous intéressera, car tout cela se fait lire ; puis où vous trouverez des émotions violentes, vous trouverez aussi des pensées saines et élevées, des sentiments de foi et de piété; une morale toujours pure et d'utiles leçons.

(*Annales catholiques.*)

LE PRISONNIER DU CZAR
Episode de la guerre d'Orient
1 vol. in-12, 1 fr. 50 (2ᵉ éd.).

Les romanciers oublient un peu trop les soldats et les marins, qui, pendant leurs longues heures de loisir, lisent presque toujours des ouvrages immoraux et antireligieux, parce que les écrivains n'ont pas assez publié d'ouvrages émouvants sur des faits militaires ou maritimes qui puissent satisfaire leur imagination, M. Gondry du Jardinet vient d'aider à combler cette lacune.

« Le *Prisonnier du Czar* contient le récit suivant, dit la *Semaine religieuse de Lyon*. Dans nos guerres avec la Russie, un vaisseau fut pris et coulé. Le lieutenant, devenu capitaine pendant le combat, est fait prisonnier et subit toute sorte d'épreuves et de mauvais traitements à cause de ses sentiments chrétiens. Emmené en Sibérie, il parvient à se sauver, grâce au secours d'un missionnaire catholique, et arrive à Sébastopol au moment de la prise de la ville, et y gagne la croix de la Légion d'honneur. »

L'ANNEAU DU MEURTRIER

1 vol. in-12, 2 fr. *franco* (4ᵉ édition.)

L'auteur, dans la composition de ce livre, es resté fidèle à ses bonnes habitudes : plaire e moraliser. Il met en présence deux jeunes seigneurs corses : l'un, Silvio della Rocca, accuse son ami d'enfance, Agostino Rafaelli, d'avoir assassiné son père et se prépare à exercer envers son ancien camarade les lois cruelles de la *vendetta*. L'auteur, avec tout l'attrait du roman prouve sans peine combien est criminelle l'habitude de se faire justice soi-même par des moyens violents et barbares, qui s'appellent la *vendetta* en Corse ou le duel en France. Un heureux contraste de caractères se rencontre également dans le livre de M. G. du Jardinet : une jeune fille, Maria, sœur de Silvio, fait oublier par sa douce bonté, sa confiance en Dieu, la fougue parfois irréfléchie de son frère; c'est elle qui tient le lecteur en suspens et découvre à la fin le meurtrier de son père. La conduite de cette jeune fille est le plus habile commentaire ménagé par l'auteur pour montrer combien le pardon doit l'emporter, dans notre cœur, sur le ressentiment. (*L'Indicateur des bons livres à bon marhé.*)

LE SECRET D'UN TOURISTE

Ouvrage illustré de nombreuses vignettes.

1 vol. in-12, 360 p., 3 fr. *franco* (3ᵉ édition).

Joindre l'utile à l'agréable, tel est le but que se proposa l'auteur J. Gondry du Jardinet. Il l'a atteint.

En effet, *le Secret d'un touriste* est le récit humoristique, émouvantes dramatique d'un voyage dans les contrées agricoles et viticoles de France et de l'étranger.

Les entretiens de l'auteur avec les agriculteurs lui apprennent les progrès de la culture, cet art éminemment utile, dont il fait l'historique avec beaucoup de charme. Les vignerons lui expriment leurs craintes à la vue des maladies qui menacent la vigne, et les savants lui indiquent les remèdes à y apporter. Un garde général lui donne des renseignements précieux sur l'aménagement des forêts, et un docteur célèbre lui divulgue le secret de conserver la santé par l'observation de règles hygiéniques mises à la portée de tous.

En faisant le récit de son voyage, l'auteur touche aux questions des sociétés par actions, de l'affrètement des navires, du métayage agricole et viticole, des fromageries, etc. Rien ne lui échappe.

Cet ouvrage est précieux, non seulement pour la jeunesse, qu'elle instruit en amusant, mais aussi pour les personnes d'un âge mur, qui y découvriront bien des secrets agricoles et scientifiques produits de l'expérience. (*La France nouvelle.*)

SUR LE BUCHER

Ou le Sort des femmes. 1 vol. in-12. 290 pages
2 fr. *franco* (2e édition).

M. J. Gondry du Jardinet, auteur de plusieurs ouvrages de propagande catholique, vient de faire paraître une nouvelle étude que nous recommandons à nos lecteurs. Il met en présence la femme telle que l'ont faite les fausses religions et les utopies de l'incrédulité moderne, et le type si pur de la femme chrétienne ; il montre ce que peut cette dernière dans sa foi et dans sa charité, en regard des abaissements de ces malheureuses créatures que n'a point éclairées le flambeau de l'Évangile, ou qui repoussent sa bienfaisante lumière.

Cette dissertation n'a rien d'aride, car l'auteur la dissimule au milieu des péripéties d'un roman émouvant; mais ses conclusions n'en sont pas moins frappantes.

Toute femme chrétienne bénira Dieu avec un redoublement de reconnaissance en fermant ce livre, et le priera avec plus de ferveur pour les pauvres âmes encore assises à l'ombre de l'erreur, ou qui, infiniment plus coupables, s'y vouent volontairement par un égarement insensé. (*L'Indicateur.*)

LES EXPLOITS D'UN CITOYEN DE 1793
1 vol. in 12. — 2 fr. *franco*.

Que de fois MM. les supérieurs des séminaires, les Frères des Écoles chrétiennes et Maristes, les directeurs des pensionnats ont demandé de leur signaler des pièces ou comédies *avec chants notés*, écrits spécialement pour l'ouvrage, soit en 3 ou 4 actes, pour leur distribution des prix, soit en 1 ou 2 actes pour leurs réunions intimes des récompenses dans le courant de l'année scolaire. Aujourd'hui nous croyons pouvoir appeler leur attention sur le volume dû à la plume de J. Gondry du Jardinet et qui vient de paraître sous le titre : *Les Exploits d'un citoyen de 1793*. Il renferme six pièces.

La première pièce : *Les Exploits d'un citoyen de 1793*, formée de 3 actes avec prologue et 6 *chants notés*, a été composée à dessein pour qu'on puisse jouer séparément, soit le prologue seul, soit les 3 actes sans le prologue.

Les 2 actes des *Aventures du marquis de Montfort* peuvent aussi être joués ensemble ou séparément. Cet ouvrage renferme aussi 2 *chants notés*.

Quatre pièces en un acte terminent le volume, ce sont : *Les Billets de faveur, Un caméléon, l'Oncle Nicolas* et *l'Attente du Père*.   (*Le Monde*).

LE SUPPLICE D'UNE MÈRE
1 fort vol. in-12, 2 fr. *franco* (3ᵉ édition).

On lit dans *la France nouvelle* :

Décidément, M. Gondry du Jardinet semble avoir pris à tâche de combattre successivement toutes les aberrations sociales. Naguère il nous donnait à la fois une étude et un drame, dans son ouvrage *Sur le Bûcher ou le Sort des femmes*, où l'action bienfaisante de la femme chrétienne était mise en parallèle avec les actes malsains de la prétendue libre penseuse. Auparavant, il avait combattu l'esprit de vengeance dans *l'Anneau du meurtrier*, peint les horreurs de la révolution de 1793 dans *le Secret du château de Rocnoir*, donné le modèle d'un marin comme il y en a trop peu dans le *Prisonnier du Czar*, et montré dans *un Drame dans la Forêt Noire* la confiance en la protection de Marie jusque sur l'échafaud.

Après avoir rappelé autrefois, dans *la Main invisible*, les angoisses d'un père qui s'expose à la ruine et au déshonneur selon le monde plutôt que de blesser sa conscience et de donner sa fille à un libre penseur, aujourd'hui, dans le nouveau roman qu'il vient de publier : *le Supplice d'une Mère*, il étudie une des plaies les plus communes et les plus funestes de notre société, aussi mercantile et bouffie d'orgueil qu'elle est indifférente en matière religieuse : les mariages d'argent ou de position sociale par lesquels des jeunes et innocentes filles sont sacrifiées à des hommes blasés. Cette question délicate est traitée avec beaucoup de finesse et de talent par l'auteur, qui s'est efforcé d'écrire de telle sorte que cet ouvrage, comme tous ceux qu'il a publiés jusqu'à ce jour, puisse être mis dans toutes les mains. Au lieu d'égarer comme certains auteurs mieux intentionnés que prudents, l'attention des lecteurs, il écarte toute peinture des fautes et réserve toute son action pour révéler dans un drame émouvant les conséquences des aberrations sociales.

LA MAIN INVISIBLE
Episode de l'invasion de 1814.
1 vol. in-12, 300 pages, 2 fr. *franco* (4e édition).

Dans les temps troublés que nous traversons, les principes de l'honneur, du droit, de la justice sont si souvent méconnus qu'il est utile de mettre en lumière la conduite héroïque et religieuse d'un homme qui, pressé par les événements politiques et le malheur qui l'assaille de toutes parts, suit en tout la voix de sa conscience et préfère s'exposer à la ruine et au déshonneur selon le monde, plutôt que de transiger avec son devoir. *La Main invisible la main de Dieu*, conduit les événements qui nous semblent les plus étonnants et sait atteindre les méchants, même au milieu de leur triomphe.

Tandis que l'*Internationale* soulève les ouvriers contre les patrons, n'est-il pas surtout utile d'appeler l'attention des travailleurs sur un fait dramatique qui leur démontre, mieux que toutes les théories, que c'est par l'union des patrons et des ouvriers, par la bienveillance des uns, le dévouement des autres, qu'un établissement résiste aux bouleversements sociaux, et prospère quand tout s'écroule autour de lui?

Telles sont les pensées qui ont guidé M. J. Gondry du Jardinet dans l'œuvre éminemment *émouvante* et *dramatique* qu'il vient de publier. (*Le Pèlerin.*)

UNE ATTAQUE NOCTURNE

1 volume in-12 . . . . . 2 fr. *franco.*

On lit dans *la Femme et la Famille* :

Les pères de famille, les directeurs des pensionnats chrétiens sont souvent en quête de petites pièces qu'ils puissent faire jouer dans des récréations intimes. Aussi, nous nous empressons d'appeler leur attention sur un nouvel ouvrage : *l'Attaque nocturne,* dû à la plume de M. Gondry du Jardinet. Outre plusieurs nouvelles fort intéressantes, cet ouvrage renferme quatre pièces en un acte: *L'Attente du père, les Billets de faveur, un Caméléon* et *l'Oncle Nicolas.*

LE POIGNARD DU VÉSUVE
Par Lucien THOMIN

1 volume in-12, *franco*.................. 2 francs

Au moment où l'action des sociétés se fait si cruellement sentir par les tristes évènements dont nous sommes chaque jour les témoins attristés il nous a paru utile d'indiquer à nos lecteurs un livre tout de circonstances. C'est une étude complète, et prise sur le vif, de ces associations ténébreuses qui enlacent le monde et qui menacent la France d'une démoralisation et d'une impiété sans exemples dans les fastes de son histoire. Nous ne saurions trop en recommander la lecture à tous ceux qui, étonnés des faits de ce temps, en cherchent les mobiles secrets et les causes génératrices. Ecrit tout le long d'un style ému, chaud, vigoureux, il est aussi attachant par la forme qu'intéressant et curieux par le fond.

Ce livre sera lu avec fruit par la jeunesse, que l'inexpérience entraîne si souvent dans les plus affreux malheurs.

PRIMES OFFERTES AUX ABONNÉS
de l'*AMI DES CAMPAGNES*
31, RUE SAINT-PLACIDE, A PARIS.

Les personnes qui prendront un abonnement d'un an à l'*Ami des Campagnes* (prix **7 fr.**), pourront obtenir — en ajoutant **6 fr.** au prix de leur abonnement — pour **13 fr.** de volumes à choisir dans la liste que nous publions ci-après.

Donc, moyennant **13 fr.**, on recevra le Journal pendant un an, et pour **13 fr.** de volumes (FRANCO : **14 fr. 80.**)

Les abonnés qui désireraient joindre — à la prime qui leur est offerte — d'autres volumes, pourront les obtenir aux prix marqués ci-dessous avec une remise de **20 pour 0/0**.

Afin d'aider à la diffusion des lectures instructives et amusantes, on accordera **20 pour 0/0** *de remise à toute personne — même quand elle ne prendrait pas d'abonnement — qui désirerait faire un choix parmi ces volumes.*

OUVRAGES
POUR LES BIBLIOTHÈQUES POPULAIRES

OUVRAGES DE J. GONDRY DU JARDINET

LA REDOUTE DU CAPITAINE EMPORTE-PIÈCE. 2 » (3ᵉ édition).

Ouvrage où le drame mêlé aux discussions historiques ramène insensiblement le libre-penseur aux enseignements de la religion.

LES FRANCS-TIREURS DES VOSGES. 1 vol. in-12. 2 fr.

Cet ouvrage qui forme la suite du *Capitaine Em-*

porte-Pièce et qui peut être lu séparément montre montre l'action bienfaisante, la nécessité d'un clergé vierge dans la société.

Éphémérides révolutionnaires ou la Révolution en action. 1 vol. in-12. 3 »

En nos temps troublés, il est bon de faire connaître aux masses les sanglantes journées de 1789, 1793, 1794, afin de les prémunir contre les théories des radicaux et des révolutionnaires qui cherchent à les égarer.

Un Drame dans la Forêt-Noire. 1 vol. in-12. 6ᵉ édition 1 50

Confiance en Marie jusque sur l'échafaud.

Le Prisonnier du Czar. 1 vol. in-12, 2ᵉ édition. 1 50

Aventures d'un marin catholique.

L'Anneau du meurtrier. 1 vol. in-12. 4ᵉ édition . . . . 2 »

Scène émouvante où la vengeance corse et le duel sont flétris dans leurs funestes effets.

Le Secret du château de Rocnoir. 1 vol. in-12. 4ᵉ édition. . . . . 2 »

Épisode et peinture des horreurs de la Révolution de 1793.

Le Secret d'un Touriste. 1 vol. in-12, illustré. 3ᵉ édition . . . . 3 »

Voyage humoristique dans les contrées agricoles.

Sur le bucher ou le sort des femmes. 1 vol. in-12. 2ᵉ édition . . . . . 2 »

L'action bienfaisante de la femme chrétienne est mise en parallèle avec les actes des femmes libres penseuses, indoues, musulmanes et esclaves.

Les Exploits d'un citoyen de 1793. 1 vol. in-12. . . . . 2 »

Drame en 3 actes, avec prologue et 6 *chants*

notés, suivi des *Aventures du marquis de Montfort*, drame en 2 actes avec 2 *chants notés*, et de 4 comédies écrites spécialement pour les réunions intimes.

LE SUPPLICE D'UNE MÈRE. 1 vol. in-12.
3ᵉ édition. . . . . 2 »

Etude d'une des plaies les plus funestes de notre société indifférente en matière religieuse : les mariages d'argent ou de position sociale.

UNE ATTAQUE NOCTURNE. 1 vol. in-12.

Cet ouvrage renferme plusieurs nouvelles à la fois dramatiques et instructives.

LA MAIN INVISIBLE. 1 vol. in-12. 4ᵉ édit. 2 »

Épisode de *l'invasion de 1814*, où est peint le dévouement, trop rare de nos jours, des ouvriers pour leur patron.

L'ALMANACH DU PÈLERIN POUR LES ANNÉES 1875, (1876 épuisé) 1877, 1878 et 1879 ; l'exemplaire, 50 c. 2 »

L'ALMANACH DE L'AMI DES CAMPAGNES POUR 1881, 50 c. l'exemplaire. On peut choisir comme *prime* 26 exemplaires de cet almanach.

OUVRAGES DE FIRMIN DE TINGREMONT

LE PAUVRE MYSTÉRIEUX. 1 vol. in-12. 2 »
MARGUERITE HAMILTON ou la sérénité dans la tempête. 1 vol. in-12. 2 »

OUVRAGES DE LUCIEN THOMIN

LE POIGNARD DU VÉSUVE OU LES VICTIMES DES SOCIÉTÉS SECRÈTES. 1 vol. in-12. 2 »
LE MANUSCRIT DE RAOUL ou les Sociétés secrètes dévoilées. 1 vol. in-12. 2 »

Les Récits du capitaine Paul. 1 vol. in-12. 2 »
Le Fantome de l'Abbaye, épisode de la Terreur.
1 vol. in-12. 2 »

OUVRAGES DE ZÉNAIDE FLEURIOT

Eve. 1 vol. in-12°, 6° éd. 2 »
Sans Beauté, id. 9° éd. 2 »
Cœur de Mère, id. 6° éd. 2 »
Yvonne de Coatmorvan, id. 6° éd. 2 »
La Clef d'or. id. 5° éd. 2 »
L'Oncle Trésor, id. 6° éd. 2 »
La Glorieuse, id. 4° éd. 2 »
Le Théatre chez soi, id. 2 »

OUVRAGES DE RAOUL DE NAVERY

Viatrice. 1 vol. in-12. 2 »
L'Ange du bagne. id. 2 »
L'abbé Marcel. id. 2 »
Avocats et Paysans. id. 2 »
Voyage dans une Église. id. 2 »
Les Religieuses. id. 2 »
Jeanne-Marie. id. 2 »
La Main qui se cache. id. 2 »
Nouvelles de charité. id. 2 »
Aglaé. id. 2 »
Récits consolants. id. 2 »
Le Chemin du Paradis. id. 2 »
Légendes d'Allemagne. id. 2 »
Monique. id. 2 »

OUVRAGES DE Mme LA COMTESSE DE LA ROCHÈRE

Une héroine de 60 ans, 1 vol. in-12. 2 »
Récits de la Marquise, 1 vol. in-12. 2 »
Mélanie Gerbier, 1 vol. in-12. 2 »
Mme Bochard, 1 vol. in-12. 2 »

OUVRAGES DE V. BERTRAND

Garo et son Curé, 1 vol. in-12. 2 »
Petits sermons ou l'on ne dort pas, 4 vol. 8 »
Causeries du Dimanche, Catéchisme des Petits
  et des Grands, 6 vol. 12 »

OUVRAGES DE MADAME BOURDON

Les Béatitudes, ou la science du bonheur. 1 vol.
  in-18 jésus. 2 fr.
La Charité, légendes. 1 vol. in-18 jésus. 2 fr.
Le Droit d'ainesse, ou dévouement filial et frater-
  nel. 1 vol. in-18 jésus. 2 fr.
Léontine, histoire d'une jeune femme. 1 vol.
  in-18 jésus. 2 fr.
Marg de Lheiningen, suivi de l'Histoire d'Yseult.
  1 vol. in-18 jésus. 2 fr.
Le Matin et le Soir, journal d'une femme de
  cinquante ans, suivi de *la Perle précieuse*. 1 vol.
  in-18 jésus. 2 fr.
Le Ménage d'Henriette, suivi du Trait d'union.
  1 vol. in-18 jésus. 2 fr.
Nouvelles variées. 1 vol. in-18 jésus. 2 fr.
Une Parente pauvre. 1 vol. in-18 jésus. 2 fr.

OUVRAGES D'HIPPOLYTE VIOLEAU

Amice du Guermeur, étude historique et morale
  (première moitié du XVI° siècle). 1 vol. in-18
  jésus. 2 50
Récits du foyer. 2 vol. in-12. 4 »
Histoires de chez nous. 1 vol. in-12. 2 »

Les Soirées de l'ouvrier, lectures à une société de secours mutuels. 1 vol. in-18 jésus. 2 »

Loisirs poétiques. 1 vol. in-12. 2 »

Souvenirs et Nouvelles. 2 vol. in-12. 4 »

OUVRAGES DIVERS

Couleuvres (les), par Louis Veuillot. 1 vol. in-12 de 204 pages.. . , ... 2 fr.

Madame en Vendée, par Henry de Grammry. 1 joli vol. in-12 de 122 pages, avec photographie et autographe. . . . . . . 3 fr.

La Perle d'Antioche, par le même, 1 très fort vol. in-12. 2 fr. 50

Marguerite, par Mlle Benoit. 1 vol. in-12. 2 fr.

Lucia de Mommor, par H. de Beugnon. 1 vol. in-12. 1 fr. 50

Mathilde de Canosse, par le R. P. Bresciani. 1 vol. in-12. 1 fr. 50

Le Juif de Vérone, traduction abrégée, par le même. 1 vol. in-12. 1 fr. 50

Morogh a la Hache, par Ch. Buet. 1 volume in-12. 1 fr. 50

Un Double Sacrifice, scènes de Castelfidardo, par le R. P. Daems ; trad. du flamand par Et. Marcel. 1 vol. in-12. 2 fr.

Robert de Saverny, par M. Emery. 1 volume in-12. 1 fr. 50

Princesse et Esclave, par le même. 1 volume in-12. 1 fr. 50

Elisa de Montfort, par Fangarezzi, trad. de l'italien par Villefranche. 1 vol. in-12. 2 fr.

Semno l'affranchi, par J. M. de Gaulle. 1 vol. in-12. 1 fr. 50

Les Fiancés de Saint-Cyprien. Épisode des inondations de 1875 à Toulouse, par Mlle Elisa Gay. 1 vol. in-12. 2 fr.

Le Roman d'une jeune fille pauvre, par la même. 1 vol. in-12. 2 fr.

Le Marquis de Savone, par la même. 1 fort vol. in-12. 2 fr.

Eudoxia, tableau du ve siècle, par Ida de Hahn-Hahn. 1 fort vol. in-12. 3 fr

Amour et sacrifice, par lady Herbert, traduit de l'anglais avec l'autorisation de l'auteur. 1 vol. in-12. 2 fr.

Le Bienheureux Réginald d'Orléans. Etude sur une page du xiiie siècle, par Th. Alph. Karr. 1 vol. in-12. 1 fr.

Pomponius Lætus, par Mlle Ant. de la Grange. 1 vol. in-12. 2 fr.

Valéria, ou la Vierge de Limoges, par Lascaux. 1 vol. in-12. 1 fr. 50

Les Légendes de S. François d'Assise, par l'abbé S. de Latreiche. 1 vol. in-12. 1 fr. 50

L'Enfant de la Providence, par l'abbé Lecomte 1 vol. in-12. 1 fr. 50

Marcien, ou le Magicien d'Antioche, par R. de Maricour. 1 vol. in-12. 1 fr. 50

Rodoald, ou le dernier prince Lombard, par J. des Meslettes. 1 vol. in-12. 1 fr. 50

Rome, dans sa vie intellectuelle, dans sa vie charitable, dans ses institutions populaires, par l'abbé Postel. 1 vol. in-12. 1 fr. 50

L'Ange de la Tour, par le R. P. Previti. Traduit de l'italien par J. M. Villefranche, et précédé d'une lettre de Mgr l'évêque de Moulins. 1 fort vol. in-12. 2 fr. 50

Aurélia, ou les Juifs de la Porte Capène, par A. Quinton. 1 vol. in-12, nouv. édition. 3 fr. 50

Le Dieu Plutus, étude sur l'Empire et la Papauté à la fin du IIIe siècle, par le même. 1 volume in-12. 2 fr. 50

Le Gladiateur et les communeux de Rome ancienne, par le même. 1 très fort vol. in-12. 3 fr. 50

Le Gentilhomme de 89, par le même, 3 parties, en 2 très forts vol. in-12. 6 fr.

Les Fils de la Montagne, ou Maronites et Druses au XIXe siècle, par Tholmey. 1 volume in-12. 1 fr. 50

Cinéas, ou Rome sous Néron, par J. M. Villefranche. 1 très fort in-12. 3 fr.

Havaï, ou Histoire de l'établissement du catholicisme dans cet archipel, par P. Tournafond. 1 vol. in-12. 2 fr.

Deux Orphelines, par le même. 1 vol. in-12. 2 fr.

Elisa de Montfort, par le Dr J.-C. Fangarezzi. Traduit de l'italien avec autorisation de l'auteur, par J. M. Villefranche. 1 vol. in-12. 2 fr.

L'Ange de la Tour, par le R. P. Previti, de la Cie de Jésus, *traduction* par J. M. Villefranche. 1 très fort vol. in-12. 2 fr. 50

Promenades d'un touriste. par **Victor Fournel.** Un beau volume in-18 jésus. 2 fr.
Voyage en Hollande. — Excursion en Savoie et en Suisse.

Vacances d'un journaliste, par **Victor Fournel.** Un beau volume in-18 jésus. 2 fr.

Huit jours dans les Vosges. — De Paris à Madrid. — Simple coup d'œil sur Londres. — A travers l'Allemagne et l'Autriche-Hongrie.

Les Alpes. Histoire et souvenirs, par Xavier Roux. Un beau volume in-18 jésus. 2 fr

Scènes villageoises, Jacques Brunon, Georges Mauclair, par Eugène Muller. Un beau volume in-18 jésus avec gravures. 2 fr.

Les Révolutions d'autrefois, Mémoires de don Ramos. — Le siège de Florence, par A. Genevay. Un beau volume in-18 jésus, avec gravures. 2 fr.

Grandeur et décadence d'une oasis, par Ch. Wallut. Un beau volume in-18 jésus, avec gravures hors texte. 2 fr.

Histoire naturelle pittoresque. Mémoires d'une ménagerie. — Frosché et Pécopin, par H. de la Blanchère. Un beau volume in-18 Jésus, avec nombreuses gravures. 2 fr.

Vertus et Doctrine spirituelle de saint Vincent de Paul, par le même. 1 vol. in-8. 6 fr.

Voltaire, sa vie et ses œuvres, par le même. 2 vol. in-8. 15 fr

Vie de Voltaire, par le même. 1 vol. in-8. 6 fr.

Jésus vivant dans le Prêtre. Considérations sur la grandeur et la sainteté du Sacerdoce, par le R. P. Millet. 1 vol. in-18 jésus. 3 fr. 50

Histoire politique et religieuse de la France, par l'abbé P. Mury. 2ᵉ édition, entièrement refondue et considérablement augmentée. 4 beaux vol. in-18 jésus. 14 fr.

Vie de saint Paul, par l'abbé Th. Neveux, 1 v. in-18 jésus. 2 fr.

Conférences adressées aux protestants et aux catholiques, par le R. P. J.-H. Newman. 1 v. in-8. 6 fr.

Une année a Rome, impression d'un touriste, par le vicomte d'Audigné. 1 vol. in-18 jésus. 3 fr.

Quatre-vingt-neuf et son histoire, documents authentiques, par Armel de Kervan. 1 fort vol. in-18 jésus. 3 fr. 50

Lettres a un ouvrier sur l'éducation de son fils, par Benezet. 1 vol. in-12. 1 fr. 25

Le Soldat, chants et récits, par B. Bouniol. 1 vol. in-18. 60 cent.

Origine divine du pouvoir civil et constitution divine des nations dans l'Eglise ou l'unique salut des nations, par Mgr François-Louis-Michel Maupied, prélat de SS. Léon XIII. 3 50

Babylone a Jérusalem, par la comtesse de Hahn-Hahn. 1 vol. in-18 jésus. 2 fr. 50

Entretiens familiers sur La Fontaine, sa vie, ses œuvres et ses contemporains, avec à-propos, historiettes et considérations sur l'éducation religieuse. 1 vol. in-18 jésus. 2 fr. 50

Albina, ou la pieuse mobiste, par le R. P. Melot, histoire contemporaine (1807-1841). 1 volume in-12. 1 fr. 50

Médecins (les) et les miracles de Lourdes, lettre à M. le docteur Diday, sommation à M. le docteur Voisin, par E. Artus, faisant suite au *Défi publié à la libre pensée*, du même auteur; 5ᵉ édition. Brochure in-12 de 88 pages. 30 c.
— Le cent. 20 fr.

Apparitions de la sainte Vierge à Kruth (Neubois), Alsace, par un Alsacien, 1 vol. in-12 de 83 pages. . . . . » 75

Pie IX et les secrets de la Salette, concordance entre la prophétie d'Orval et les lettres de Mélanie sur les évènements actuels, par le R. P. Huguet. 12ᵉ édition, avec une préface sur l'incendie et l'endurcissement de Paris. 1 vol. in-18 de 72 pages. 50 c.

Paris et la France devant le Sacré-Cœur le 29 juin à Paray-le-Monial, par l'abbé P. Bonnaire. (*Au profit de l'œuvre du Vœu national.*) Brochure in-18 de 33 pages. 25 c.

Boutades et raisons. — *Clergé et Politique*, par Élie Redon; 3ᵉ édition. 1 vol. in-12 de 192 pages. 1 fr.

A la France. — *Le Réveil.* — *La Révolution et l'Archange S. Michel.* Brochure grand in-8° de 47 pages. 1 fr.

Quatre-vingt-neuf, son bilan et son histoire, par Eugène Lebleu. Brochure grand in-8 de 47 pages. 1 fr.

Comment faut-il juger le moyen age? par Léon Gautier, 1 vol. in-12 de 115 pages. 1 fr.

Sentiment de Napoléon Iᵉʳ sur le Christianisme, d'après les témoignages recueillis par le chevalier de Beaulieu. Nouvelle édition entièrement refondue, augmentée de documents nouveaux et d'un appendice sur les héros chrétiens de l'Empire. 1 vol. in-18 jésus. 1 fr. 50

Enseignement (l') scientifique et médical de l'État et l'Organisation des Universités catholiques, par le docteur de Marmiesse. Brochure grand in-8° de 142 pages. 2 fr.

Que penser et que faire ? par L. Rupert. 1 vol. in-12 de vi-284 pages. 2 fr.

Eglise (l') et le peuple, études sur la liberté, l'égalité, la fraternité et la propriété, par Edmond Préveraud. 1 vol. in-12 de viii-415 pages. . . . . 3 »

Petit Dictionnaire politique et social des mots les plus usités dans la littérature religieuse, morale et politique, par M. B., ancien élève de l'Ecole polytechnique. 1 vol. in-8° de 350 pages. 4 fr.

Question (la) religieuse au dix-neuvième siècle, discussions familières sur les fondements de la vraie religion, par Julien Javal, docteur en droit ; 2ᵉ édition, revue et considérablement augmentée. 1 fort vol. in-12 de viii-451 pages. 4 fr.

Origine divine du pouvoir civil et constitution divine des nations dans l'Eglise, ou l'unique salut des nations, par Mgr François-Louis-Michel Maupied, prélat de SS. Léon XIII. 1 fort volume. 3 fr. 50

Prochain dénouement (le) de la crise actuelle, par l'auteur de : *le Grand Pape et le Grand Roi*. 1 vol. in-22 de 95 pages, suivi d'un appendice de viii pages. 75 c.

Rousseau (biographie), brochure 128 pag. 25 c.

Turgot, id. id. 25 c.

Thiers (biographie), id. 25 c.

Jules Simon, id. id. 25 c.

Grande Crise (la) et le grand triomphe, d'après le curé d'Ars, l'Extatique d'Oria et Mélanie de la Salette, par Victor C*** de Stenay, auteur de l'*Avenir dévoilé*. Brochure in-12 de 32 p. » 25

LA JOURNÉE PIEUSE ou instructions pratiques pour sanctifier chaque jour par les exercices de la vie chrétienne (à l'usage des fidèles et des congrégations vouées à la vie active), par le même, 1 vol. in-18 jésus. 3 fr. 50

LES GRANDS PÈLERINAGES et leurs sanctuaires, par l'abbé T.-R. Salmon, 2 vol. in-18 jésus. 7 fr.

PURGATOIRE ET CIEL, par l'abbé Sanson, 1 vol. in-18 jésus. 3 fr.

HISTOIRE DE SAINTE CÉCILE, vierge et martyre, par l'abbé Thiesson, 1 vol. in-8. 6 fr.

NOTICE SUR LA VIE DE M. DES GENETTES, fondateur de l'Archiconfrérie du saint et immaculé Cœur de Marie, par l'abbé de Valette, 1 vol. in-12, avec portrait. 1 fr.

LA FORTUNE ET LA RICHESSE, par Jean Lander, 1 vol. in-12. 2 »

HISTOIRE DE MGR DALMONT, par Mgr Maupoint, 1 vol. in-12. 2 »

HISTOIRE DE MGR MONNET, par le même, 1 vol. in-12. 2 »

LA COUR DE VERSAILLES, par M. du Faoüet, 1 vol. in-12. 2 »

LES NOUVEAUX JACOBINS, par Eug. Loudun, 1 vol. in-12. 2 »

HISTOIRE D'UNE CERVELLE CONDUITE A CHARENTON PAR LA LECTURE DU *Siècle*, par Loyau de Lacy, 1 vol. in-12. 2 »

L'ITALIE ET ROME, par le Comte de Waren, 1 vol. in-12. 2 »

SAINT ANTOINE LE GRAND, par E. Hello. 1 vol. in-12. 2 fr.

LES SAINTS de la Compagnie de Jésus, par Adolphe Archier. 1 vol. in-18 jésus. 2 fr. 50

VOLTAIRE, ses hontes, ses crimes, ses œuvres et leurs conséquences sociales, revue historique et critique au sujet du centenaire projeté, par Armel de Kervan. 1 vol. in-18 jésus. 2 fr.

PENSÉES PIEUSES après la sainte communion pour les dimanches et les principales fêtes de l'année, par Adolphe Baudon. 1 vol. in-18. 2 fr. 50

MÉDITATIONS CHRÉTIENNES, œuvre posthume, par l'abbé Bautain. 1 vol. in-18 jésus. 3 fr.

EXPOSITION DE LA DOCTRINE CHRÉTIENNE, par le R. P. Bougeant. Nouvelle édition, revue, corrigée et considérablement augmentée, par Mgr Darboy. 2 vol. in-8. 8 fr.

LES RUES DE PARIS. Biographies, portraits, récits et légendes, par Bathild Bouniol. 3 vol. in-18 jésus. 9 fr.

VIE DE LA VÉNÉRABLE MARGUERITE DU SAINT-SACREMENT, religieuse carmélite fondatrice de l'*Association de la Sainte-Enfance de Jésus* (1619-1648), suivie de quelques-uns de ses écrits sur la dévotion à la Sainte-Enfance, par Louis de Cissey. 1 vol. in-18 jésus. 3 fr.

DU CÉSARISME DANS L'ANTIQUITÉ et dans les temps modernes. 2 vol. in-18 jésus. 7 fr.

S'adresser pour l'abonnement à l'Ami des Campagnes ou pour les ouvrages à M. J. Gondry du Jardinet, rue Saint-Placide, 31, à Paris.

[illegible]

[illegible] des horreurs de la [illegible]

[illegible] 1 vol. in-12 [illegible]

[illegible] catholique.

[illegible] 1 vol. in-12 [illegible]

[illegible] des femmes [illegible]

[illegible] de la femme [illegible]

[illegible] avec les actes des femmes [illegible]

[illegible] 1 vol. in-12 [illegible]

[illegible] 1 vol. in-12, 4e édition [illegible]

[illegible] de nos jours, des ouvriers [illegible]

[illegible] des campagnes pour 186[illegible]

[illegible] JULES LE CLERE, RUE CASSETTE [illegible]

www.ingramcontent.com/pod-product-compliance
Lightning Source LLC
Chambersburg PA
CBHW071423150426
43191CB00008B/1024